빠작 어휘 퀴즈

다음 자음자와 힌트를 보고, 문장을 완성해 보세요.

---

01 ㄷ ㄱ 하기 전에 숙제와 준비물을 꼭 확인해야 해.

힌트 [한자어] 학생이 학교에 감.

---

02 교장 선생님께서 훈화 말씀을 하시려고 무대 위에 ㄷ ㅈ 하셨다.

힌트 [한자어] 사람이 무대나 연단 위에 나타나는 것.

---

03 온라인 수업이 ㄷ ㅁ 수업으로 바뀌었다.

힌트 [한자어] 서로 얼굴을 마주 보고 대함.

---

04 개학 날이 되어 오랜만에 친구들과 ㄷ ㅎ 를 나누었다.

힌트 [한자어] 마주 대하여 이야기를 주고받음. 또는 그 이야기.

---

05 이 문제를 해결하는 가장 좋은 ㅂ ㅂ 은 차분히 생각하는 것이다.

힌트 [한자어] 어떤 일을 해 나가거나 목적을 이루기 위하여 취하는 수단이나 방식.

---

06 길을 잘못 들어 ㅂ ㅎ 을 잃고 한참 헤맸다.

힌트 [한자어] 무엇이 나아가거나 향하는 쪽.

정답 01 등교 02 등장 03 대면 04 대화 05 방법 06 방향

07 부모님이 ㅂㄷ 하셨지만 형은 자기 마음대로 했다.

힌트 [한자어] 어떤 행동이나 견해, 제안 따위에 따르지 아니하고 맞서 거스름.

08 그 공연은 관객들에게 좋은 ㅂㅇ 을 얻었다.

힌트 [한자어] 자극에 대응하여 어떤 현상이 일어남. 또는 그 현상.

09 태조 왕건은 고려를 ㄱㄱ 한 사람이다.

힌트 [한자어] 나라가 세워짐. 또는 나라를 세움.

10 우리 학교 뒤에는 3층짜리 작은 ㄱㅁ 이 있다.

힌트 [한자어] 사람이 들어 살거나, 일을 하거나, 물건을 넣어 두기 위하여 지은 집을 통틀어 이르는 말.

11 ㅇㅊ 을 하려는데 갑자기 비가 쏟아져서 우산을 챙겼다.

힌트 [한자어] 집이나 일하는 곳에서 벗어나 잠시 밖으로 나감.

12 오늘은 나의 생일이라 가족들과 ㅇㅅ 을 하기로 했다.

힌트 [한자어] 집에서 직접 해 먹지 아니하고 밖에서 음식을 사 먹음.

13 그녀의 웃는 ㅍㅈ 은 모두를 기분 좋게 만든다.

힌트 [한자어] 마음속의 감정이 얼굴에 드러난 모습.

14 자신의 감정을 솔직하게 ㅍㅎ 하는 것이 좋다.

힌트 [한자어] 느낌이나 생각을 말, 글, 예술 작품 등으로 나타내는 것.

정답 07 반대 08 반응 09 건국 10 건물 11 외출 12 외식 13 표정 14 표현

15 시험을 망쳤다고 생각했는데 생각보다 성적이 잘 나와서 ㄱ ㅂ 이 좋았다.

힌트 **[한자어]** 마음속에 생기는 기쁨·슬픔·우울함 등의 감정 상태.

16 오늘은 올여름 들어 ㄱ ㅇ 이 가장 높이 올랐다.

힌트 **[한자어]** 공기의 온도.

17 여행을 위한 짐을 모두 챙기고 ㅊ ㅂ 할 준비를 마쳤다.

힌트 **[한자어]** 목적지를 향하여 나아감.

18 이 도서관은 회원증이 있어야 ㅊ ㅇ 이 가능해.

힌트 **[한자어]** 어느 곳을 드나듦.

19 나는 감기에 걸려서 ㄴ ㄱ 에 가서 진찰을 받았다.

힌트 **[한자어]** 몸 안의 질병에 대한 진단과 예방과 치료를 하는 의학의 한 분과, 또는 병원의 그 부서.

20 우리 반 친구들의 박수 소리가 교실 ㄴ ㅇ 에 울려 퍼졌다.

힌트 **[한자어]** 안과 밖을 아울러 이르는 말.

21 날씨가 추운데 밖에 오래 서 있었더니 발가락 끝의 ㄱ ㄱ 이 둔해졌다.

힌트 **[한자어]** 눈, 코, 귀, 혀, 살갗을 통하여 바깥의 어떤 자극을 알아차림.

22 민지는 슬픈 ㄱ ㅈ 을 참지 못하고 결국 눈물을 흘리고 말았다.

힌트 **[한자어]** 어떤 현상이나 일에 대하여 일어나는 마음이나 느끼는 기분.

정답 15 기분 16 기온 17 출발 18 출입 19 내과 20 내외 21 감각 22 감정

23 실패는 [ㅅ][ㄱ]의 어머니이다.

힌트 [한자어] 목적하는 것을 이룸.

24 서준이는 [ㅅ][ㅈ] 속도가 빨라서 같은 반 친구들보다 키가 크다.

힌트 [한자어] 사람이나 동식물 따위가 자라서 점점 커짐.

25 편지를 읽고 나니 친구의 [ㅈ][ㅅ]이 전해졌다.

힌트 [한자어] 거짓이 없는 참된 마음.

26 사람은 누구나 착한 [ㅅ][ㅅ]을 가지고 태어난다.

힌트 [한자어] 타고난 마음씨.

27 방학을 알차게 보내려면 [ㄱ][ㅎ]을 잘 세워야 한다.

힌트 [한자어] 앞으로 할 일의 순서나 방법을 미리 헤아려 결정함. 또는 그 내용.

28 그동안 갖고 싶었던 물건을 사려고 가진 돈을 [ㄱ][ㅅ]해 보았다.

힌트 [한자어] 수를 헤아림.

29 어린이는 언어 [ㅅ][ㄷ] 능력이 뛰어난 것으로 알려져 있다.

힌트 [한자어] 학문이나 기술 따위를 배워서 자기 것으로 함.

30 일찍 일어나는 [ㅅ][ㄱ]을 가지다.

힌트 [한자어] 어떤 행동을 오랫동안 되풀이하는 동안에 저절로 굳어진 버릇.

정답 23 성공 24 성장 25 진심 26 심성 27 계획 28 계산 29 습득 30 습관

31 우리 집은 아빠는 영국 사람이고 엄마는 한국 사람인 ㄷ ㅁ ㅎ 가정이다.

힌트 [한자어] 여러 인종이나 민족이 어우러져 다양한 언어와 풍습, 생활 양식이 나타나는 문화.

32 나는 ㄷ ㅈ 하게 인사하는 유진이에게 손을 흔들었다.

힌트 [한자어] 정이 많음. 또는 사귀어서 든 정이 두터움.

33 젊은 사람들이 도시로 계속 빠져나가서 농촌에는 ㄴ ㅇ 들만 남았다.

힌트 [한자어] 나이가 들어 늙은 사람.

34 흰머리가 생기고 피부에 주름이 생기는 것은 자연스러운 ㄴ ㅎ 현상이다.

힌트 [한자어] 나이가 많아지면서 육체적·정신적 기능이 약해지는 것.

35 그 가수는 지금은 아주 유명하지만 오랜 ㅁ ㅁ 시절을 보냈다고 한다.

힌트 [한자어] 이름이 널리 알려져 있지 않음.

36 이 책은 너무 어려워서 초등학생이 읽는 것은 ㅁ ㄹ 이다.

힌트 [한자어] 이치에 맞지 않거나 정도에서 지나치게 벗어남.

37 우리 가족은 ㅇ ㅅ ㅈ 걱정 없이 살고 있다.

힌트 [한자어] 옷과 음식과 집을 통틀어 이르는 말. 인간 생활의 세 가지 기본 요소이다.

38 어머니의 옷장에는 예쁜 ㅇ ㅅ 이 가득하다.

힌트 [한자어] 겉에 입는 옷.

정답 31 다문화 32 다정 33 노인 34 노화 35 무명 36 무리 37 의식주 38 의상

39 공장에서 나오는 더러운 물과 매연은 ㄱㅎ 를 일으킨다.

힌트 [한자어] 산업이나 교통의 발달에 따라 사람이나 생물이 입게 되는 여러 가지 피해.

40 어머니께서는 우리 형제에게 간식을 항상 ㄱㅍ 하게 나누어 주신다.

힌트 [한자어] 어느 쪽으로도 치우치지 않고 고름.

41 쌀은 쏟고 주워도 ㅁ 은 하고 못 줍는다고, 남에 대한 안 좋은 이야기를 하면 나중에 후회할 거야.

힌트 [속담] 말을 조심해야 한다는 말.

42 ㅎㄹㅇ 도 제 말하면 온다는데, 그 친구가 들으면 어쩌려고 이렇게 흉을 보는 거야?

힌트 [속담] 어느 곳에서나 그 자리에 없다고 남을 흉보아서는 안 된다는 말.

43 그 사람은 너무 무식해서 ㄴ 놓고 기역 자도 몰라.

힌트 [속담] 아주 무식함을 비유적으로 이르는 말.

44 ㅇㅁ 안 개구리가 되지 않으려면 책을 많이 읽어야 해.

힌트 [속담] 넓은 세상의 형편을 알지 못하는 사람을 비유적으로 이르는 말.

45 전국 대회에 나가 보니 뛰어난 친구들이 정말 많더라. 뛰는 놈 위에 ㄴㄴ 놈 있다는 말이 정말이었어.

힌트 [속담] 스스로 뽐내는 사람을 경계하여 이르는 말.

46 ㅁ 을 가까이하면 검어진다고, 나쁜 친구들이랑 어울리면 너한테도 좋지 않아.

힌트 [속담] 좋지 못한 사람과 사귀게 되면, 그를 닮아 악에 물들게 됨을 이르는 말.

정답 39 공해 40 공평 41 말 42 호랑이 43 낫 44 우물 45 나는 46 먹

47 학급 회의에 사공이 많으니 배가 ㅅ 으로 가겠어.

힌트 [속담] 주관하는 사람 없이 여러 사람이 자기주장만 내세우면 일이 제대로 되기 어려움을 비유적으로 이르는 말.

48 ㅁ 이 깊어야 고기가 모인다고, 예린이가 평소에 친구들을 많이 도와주더니 반장으로 뽑혔구나.

힌트 [속담] 자기에게 어진 행동으로 얻은 사람들의 존경이 있어야 사람들이 따르게 됨을 비유적으로 이르는 말.

49 못 먹는 ㄱ 찔러나 보는 거야? 네가 사용할 수 없는 물건이라고 망가뜨리면 안 되지.

힌트 [속담] 제 것으로 만들지 못할 바에야 남도 갖지 못하게 못쓰게 만들자는 뒤틀린 마음을 이르는 말.

50 ㅂ ㄴ 도둑이 소도둑 된다고, 나쁜 버릇은 바로 고쳐야 해.

힌트 [속담] 작은 나쁜 짓도 자꾸 하게 되면 큰 죄를 저지르게 됨을 비유적으로 이르는 말.

51 ㅂ ㅁ 말을 들으면 자다가도 떡이 생긴다더니, 엄마의 말씀대로 하니까 더 잘할 수 있었어.

힌트 [속담] 부모의 말을 잘 듣고 순종하면 좋은 일이 생긴다는 말.

52 ㅍ 는 물보다 진하다더니, 오늘 아침에 형이랑 다투었는데도 운동회에서 형을 응원하게 되더라.

힌트 [속담] 혈육의 정이 깊음을 이르는 말.

53 ㅂ 이삭은 익을수록 고개를 숙인다고, 그분은 유명하지만 늘 겸손하시다.

힌트 [속담] 교양이 있고 수양을 쌓은 사람일수록 겸손하고 남 앞에서 자기를 내세우려 하지 않는다는 것을 비유적으로 이르는 말.

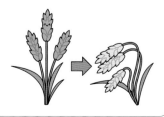

54 ㄷ ㄷ ㄹ 도 두들겨 보고 건너라는 말이 있듯이 아는 길이지만 한 번 더 확인해 보자.

힌트 [속담] 잘 아는 일이라도 세심하게 주의를 하라는 말.

정답 47 산 48 물 49 감 50 바늘 51 부모 52 피 53 벼 54 돌다리

55 ㄱㄹ 가 길면 밟힌다고, 오랫동안 나쁜 짓을 하더니 결국 잡혔구나.

힌트 **[관용어]** 못된 짓을 오래 두고 계속하다.

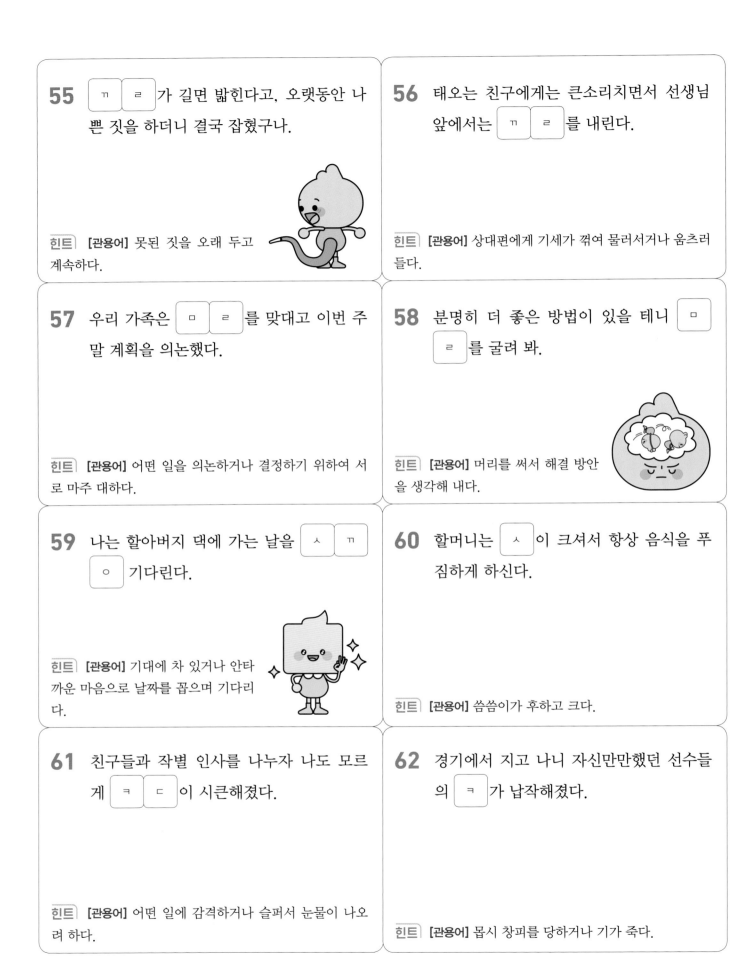

56 태오는 친구에게는 큰소리치면서 선생님 앞에서는 ㄱㄹ 를 내린다.

힌트 **[관용어]** 상대편에게 기세가 꺾여 물러서거나 움츠러들다.

57 우리 가족은 ㅁㄹ 를 맞대고 이번 주말 계획을 의논했다.

힌트 **[관용어]** 어떤 일을 의논하거나 결정하기 위하여 서로 마주 대하다.

58 분명히 더 좋은 방법이 있을 테니 ㅁㄹ 를 굴려 봐.

힌트 **[관용어]** 머리를 써서 해결 방안을 생각해 내다.

59 나는 할아버지 댁에 가는 날을 ㅅㄱㅇ 기다린다.

힌트 **[관용어]** 기대에 차 있거나 안타까운 마음으로 날짜를 꼽으며 기다리다.

60 할머니는 ㅅ 이 크셔서 항상 음식을 푸짐하게 하신다.

힌트 **[관용어]** 씀씀이가 후하고 크다.

61 친구들과 작별 인사를 나누자 나도 모르게 ㅋㄷ 이 시큰해졌다.

힌트 **[관용어]** 어떤 일에 감격하거나 슬퍼서 눈물이 나오려 하다.

62 경기에서 지고 나니 자신만만했던 선수들의 ㅋ 가 납작해졌다.

힌트 **[관용어]** 몹시 창피를 당하거나 기가 죽다.

정답 55 꼬리 56 꼬리 57 머리 58 머리 59 손꼽아 60 손 61 콧등 62 코

빠작 초등 국어 어휘×독해 무료 스마트러닝

첫째 QR코드 스캔하여 1초 만에 바로 강의 시청

둘째 최적화된 강의 커리큘럼으로 학습 효과 UP!

어휘·어법 강의
- 핵심어의 뜻과 쓰임을 통한 어휘 학습법 강의 제공
- 핵심어의 뜻과 주제로 연계되는 확장 어휘 학습 강의 제공

빠작 초등 국어 어휘×독해 2단계 학습 계획표

학습 계획표를 따라 차근차근 어휘 학습을 시작해 보세요.
빠작과 함께라면 어휘, 어렵지 않습니다.

어휘·어법	학습한 날		교재 쪽수	어휘·어법	학습한 날		교재 쪽수
등교	1일차	월 일	012 ~ 015쪽	의상	19일차	월 일	084 ~ 087쪽
대화	2일차	월 일	016 ~ 019쪽	공해	20일차	월 일	088 ~ 091쪽
방법	3일차	월 일	020 ~ 023쪽	쌀은 쏟고 주워도 말은 하고 못 줍는다	21일차	월 일	094 ~ 097쪽
반대	4일차	월 일	024 ~ 027쪽	우물 안 개구리	22일차	월 일	098 ~ 101쪽
건물	5일차	월 일	028 ~ 031쪽	뛰는 놈 위에 나는 놈 있다	23일차	월 일	102 ~ 105쪽
외출	6일차	월 일	032 ~ 035쪽	사공이 많으면 배가 산으로 간다	24일차	월 일	106 ~ 109쪽
표현	7일차	월 일	036 ~ 039쪽	바늘 도둑이 소도둑 된다	25일차	월 일	110 ~ 113쪽
기분	8일차	월 일	040 ~ 043쪽	부모 말을 들으면 자다가도 떡이 생긴다	26일차	월 일	114 ~ 117쪽
출입	9일차	월 일	044 ~ 047쪽	벼 이삭은 익을수록 고개를 숙인다	27일차	월 일	118 ~ 121쪽
내과	10일차	월 일	048 ~ 051쪽	꼬리가 길다	28일차	월 일	124 ~ 127쪽
감정	11일차	월 일	052 ~ 055쪽	머리를 굴리다	29일차	월 일	128 ~ 131쪽
성공	12일차	월 일	056 ~ 059쪽	손꼽아 기다리다	30일차	월 일	132 ~ 135쪽
심성	13일차	월 일	060 ~ 063쪽	코가 납작해지다	31일차	월 일	136 ~ 139쪽
계획	14일차	월 일	064 ~ 067쪽	흉내 내는 말과 꾸며 주는 말	32일차	월 일	142 ~ 145쪽
습관	15일차	월 일	068 ~ 071쪽	높임 표현	33일차	월 일	146 ~ 149쪽
다문화	16일차	월 일	072 ~ 075쪽	쌍받침과 겹받침	34일차	월 일	150 ~ 153쪽
노화	17일차	월 일	076 ~ 079쪽	띄어쓰기	35일차	월 일	154 ~ 157쪽
무명	18일차	월 일	080 ~ 083쪽				

빠작

초등 국어
어휘 X 독해
2단계
1·2학년

바른 어휘 학습의 빠른 시작,

『빠작 초등 국어 어휘×독해』를 추천합니다

**독해력과
어휘력은 따로 떼어
성장시킬 수도 없고,
동시에 향상될 때
확실한 시너지가
생깁니다.**

국어 공부를 '공부'라고만 생각하지 않게 해줄 수 있는 책입니다. 재미있게 접근하여 국어를 우리 아이에게 스며들게 해줄 수 있는 책. 꾸준히 차근차근, 탄탄하게 실력을 향상시켜 줄 책이라 추천합니다. 이 책은 기존에 출간된 많은 독해 교재와 어휘 교재들이 채워주지 못했던 독해와 어휘의 균형을 잡아준 교재라 생각합니다. **수능까지 이어지는 독해의 기초를 연관 어휘 공부로 확장해서 단단하게 잡아줄 수 있다는 점이 아주 큰 장점입니다.** 『빠작 초등 국어 어휘×독해』로 공부하면서 아이들은 올바른 국어 독해 공부 방법을 스스로 깨닫게 될 것 같습니다.

김소희 원장 | 한올국어학원

**문해력 향상부터
독서와 논술,
나아가 내신 국어와
수능까지 이어지는
국어 학습의 핵심은
단연코 어휘와
독해입니다.**

『빠작 초등 국어 어휘×독해』는 어휘와 독해를 유기적으로 연결한 동시에 수준 높은 문제를 출제하여 학습 효과가 탁월합니다. 그리고 독해 파트의 문제들이 어휘 학습의 문제의식을 자극하고, 다양한 방식으로 어휘 학습을 하도록 이어져 자연스럽게 어휘들이 이해되고 오래 기억할 수 있는 효과를 가져다 줍니다. 마지막으로 한자어 학습에 신경 쓴 점도 돋보입니다. 어휘와 독해가 중요하다는 것은 누구나 알지만 그것을 하나의 학습 교재로 풀어내는 일은 쉽게 엄두를 내지 못합니다. 『빠작 초등 국어 어휘×독해』를 공부해야 할 이유입니다.

최성호 원장 | 에이프로아카데미

이 책을 검토하신
선생님

강다연	명원초등학교	**박연미**	임팩트학원	**이지은**	이지국어논술학원
강명자	마산고운초등학교 외	**배성현**	국어논술자신감	**장화연**	주니어솔로몬
강행림	수풀림 학원	**신민영**	줄기글방독서토론논술교습소	**장희원**	부민초등학교 외
고갱화	에반이즈사고력학원	**심억식**	천지인학원	**전수경**	라온누리독서논술
김미소	메이트국영수학원	**안소연**	안선생 국어논술	**정다운**	정다운국어논술학원
김소희	한올국어학원	**유숙원**	정원국어학원	**최성호**	에이프로아카데미
김종덕	갓국어학원	**이대일**	멘사수학과연세국어학원	**하승희**	하샘국어학원
김진동	제세현국어학원	**이민주**	날개국어논술학원	**한미애**	부산하남초등학교 방과후 독서논술
박명선	서울방일초등학교	**이선이**	수논술교습소	**허채옥**	책먹는 하마 책놀이논술방

어휘력을 높일 수
있을 뿐 아니라,
글을 읽고 이해하는
힘인 문해력을 높일
수 있습니다.

아이들에게 어휘 학습이 필요한 이유 중 하나는 글을 잘 이해하기 위함입니다. 『빠작 초등 국어 어휘×독해』는 핵심어를 학습함으로써 비문학 지문 독해법을 학습할 수 있도록 구성되어 있습니다. **한자어, 속담, 관용어 등의 핵심어가 들어간 지문으로 글의 내용을 이해하고 추론할 수 있도록 돕습니다.** 지문을 읽으며 핵심어가 글 속에서 어떻게 활용되는지 익힐 수 있으며 글의 정확한 이해 또한 가능하도록 합니다. 이렇게 어휘를 배움으로써 독해 능력을 키우는 것이 가능합니다. 이후, 핵심어의 뜻과 예문을 배운 후 비슷한 뜻의 어휘로 확장하여 학습함으로써 어휘력을 높일 수 있습니다.

박명선 선생님 | 서울방일초등학교

교재만
꼼꼼하게 풀어도
아이 스스로 하는
학습이
가능합니다.

한자어, 한자 성어, 속담, 관용어 등 아이들이 어려워하는 부분들을 모아서 어휘 실력을 골고루 갖출 수 있도록 교재를 체계적으로 구성한 것이 아주 좋습니다. 그리고 **다양한 어휘 유형에서 핵심어를 고르게 선정한 것과 핵심어, 내용 이해, 추론, 적용, 관계, 심화 등 단계별로 꼼꼼하게 학습이 되도록 구성한 것이 매우 만족스럽습니다.** 교재만 꼼꼼하게 풀어도 아이 스스로 하는 학습이 가능하도록 되어 있고, 어휘 학습에서 그때그때 모르거나 어려운 부분을 동영상 강의를 통하여 이해를 도와주어 완전 학습이 되도록 물샐틈없이 잘 만들어진 교재입니다.

장희원 선생님 | 부민초등학교 외 다수 출강

빠작 초등 국어 어휘×독해

☑ 독해 학습을 통해 학년별 필수 어휘를 이해할 수 있습니다.
☑ 핵심어에 담겨 있는 한자의 뜻이나 주제 중심으로 어휘를 확장 학습할 수 있습니다.
☑ 어휘 문제를 통해 어휘를 완벽하게 소화할 수 있습니다.

단계	대상	구분
1~2단계	1~2학년	한자어 · 속담 · 관용어 + 어법
3~4단계	3~4학년	한자어 · 한자 성어 · 속담 · 관용어 + 어법
5~6단계	5~6학년	한자어 · 한자 성어 · 관용어 + 어법

독해력을 키우는
바른 어휘 학습, 방법이 다릅니다

01

독해 과정에서
핵심어를 정확하게
이해해야 어휘력과
독해력이 향상됩니다.

독해를 곧잘 하는데도 어휘력이 떨어지는 아이들에 대한 부모님의 고민이 많습니다. 어휘력과 독해력 향상이 일치하지 않는 까닭은 어휘와 독해를 따로 학습하기 때문입니다. 독해력과 어휘력을 함께 향상 시키려면 독해를 할 때 가장 먼저 지문 속 핵심어를 파악하고 핵심어의 뜻을 유추하면서 지문을 읽어야 합니다. 그리고 핵심어의 정확한 뜻을 이해하고 이를 확장하여 새로운 어휘를 학습하는 것이 효과적입니다.

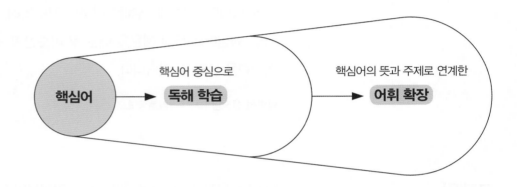

02

한자어, 한자 성어,
속담, 관용어 등
여러 분야의 어휘를
고르게 학습하는
것이 중요합니다.

우리말의 어휘는 70퍼센트 이상이 한자어로 이루어져 있습니다. 특히 학습 개념어나 비문학 글은 대부분 한자어로 이루어져 있기 때문에, 한자어 학습이 꼭 필요합니다. 그리고 한자 성어와 속담, 관용어는 특별한 뜻을 지니고 있어서 학습을 하지 않으면 그 뜻을 짐작하기가 어렵습니다. 이러한 어휘들을 학습하여 일상에서 활용할 때 어휘력을 풍부하게 키울 수 있습니다.

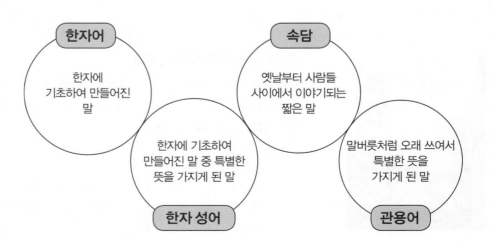

03

하나의 어휘에서
유기적으로 연계하여
어휘를 확장 학습하면
어휘를 오래 기억할 수
있습니다.

한자어는 같은 한자가 들어간 어휘끼리 연계하여 학습하면 그 뜻을 쉽게 이해할 수 있고, 오래 기억할 수 있습니다. 또한 한자 성어는 말이 나오게 된 유래나 쓰임을 이해하고 같은 주제를 가진 한자 성어로 확장하여 학습하는 것이 효과적입니다. 속담이나 관용어는 같은 주제를 가진 어휘들로 연계하여 확장하는 학습이 좋습니다.

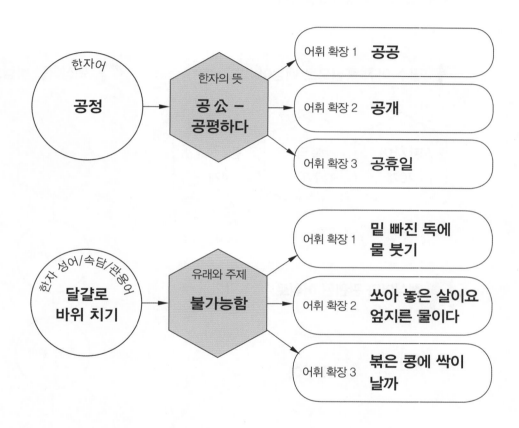

04

어법은 바른 독해와
글쓰기의 기초이므로
반드시 학습해야
합니다.

어법은 우리말의 일정한 법칙입니다. 어법 학습은 낱자의 구조부터 어휘, 문장의 구조까지 이해하는 데 기초가 됩니다. 어법을 알아야 정확하고 바르게 글을 읽고 쓸 수 있습니다. 따라서 초등 국어 교육과정에서 필수로 알아야 하는 어법을 어휘와 함께 학습하는 것이 중요합니다.

빠작 초등 국어 어휘×독해 2단계

구성과 특징

빠작 초등 국어 어휘×독해 2단계는 초등 1~2학년 학생들이 꼭 알아야 하는 필수 어휘를 한자어, 속담, 관용어에서 선정하여 핵심어로 구성하였습니다. 특히 핵심어를 바탕으로 지문을 정확하게 읽어 내고, 핵심어의 뜻이나 주제와 관련된 어휘를 확장하여 학습함으로써 어휘 학습의 효과를 높이고 독해력을 향상시킬 수 있도록 구성하였습니다.

1 필수 어휘 중심으로 핵심어 31개 선정

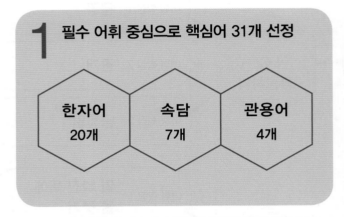

2 핵심어를 바탕으로 독해 학습

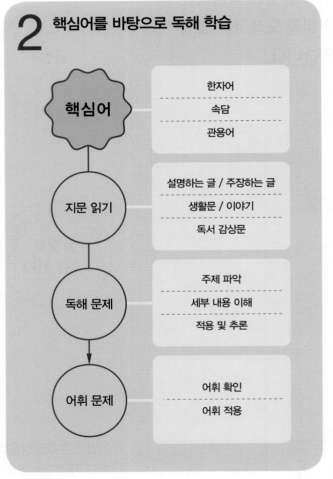

3 핵심어와 관련된 어휘로 확장 학습

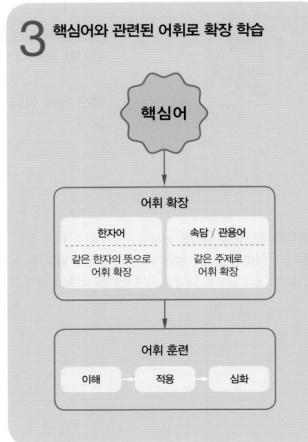

4 독해와 글쓰기의 기본, 어법 학습

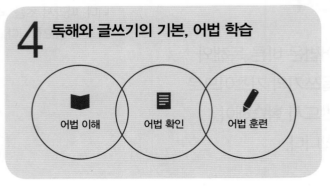

⬇ 한자어, 속담, 관용어 등 핵심어를 통한 독해 학습

⬇ 독해 문제와 지문 속 어휘 문제

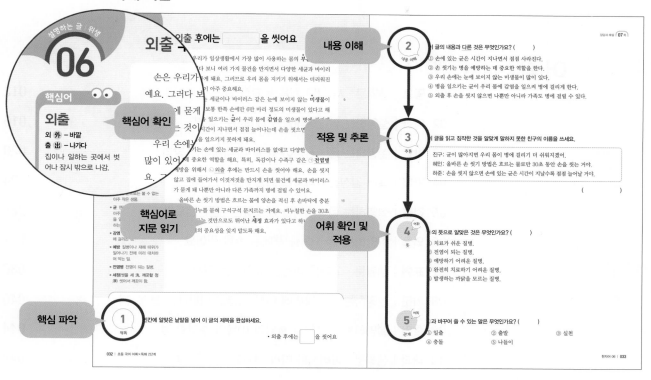

핵심어 확인

핵심어로 지문 읽기

핵심 파악

내용 이해

적용 및 추론

어휘 확인 및 적용

⬇ 핵심어와 관련된 어휘 확장 학습

⬇ 핵심어와 확장된 어휘를 문제로 완벽하게 훈련

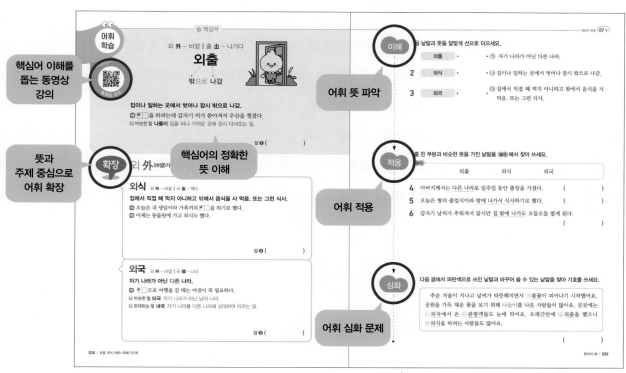

핵심어 이해를 돕는 동영상 강의

뜻과 주제 중심으로 어휘 확장

핵심어의 정확한 뜻 이해

어휘 뜻 파악

어휘 적용

어휘 심화 문제

차례

어휘

한자어

어휘

한자어

한자어는 한자에 기초하여 만들어진 말입니다.

01 등교 登校
02 대화 對話
03 방법 方法
04 반대 反對
05 건물 建物
06 외출 外出
07 표현 表現
08 기분 氣分

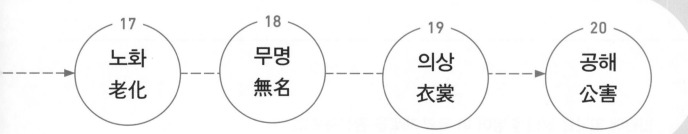

17 노화 老化
18 무명 無名
19 의상 衣裳
20 공해 公害

01

등교

등 登 – 들어가다
교 校 – 학교
학생이 학교에 감.

새 학년 처음 [　　　] 한 날

2000년 3월 2일 목요일 날씨: 맑음

오늘은 새 학년을 맞아 처음 ⊙등교하는 날이다. 아침 일찍 일어나서 아침밥을 먹고, 새로 산 책가방을 메고 집을 나섰다. 어떤 친구들과 선생님을 만나게 될까 궁금하고 설레는 마음으로 등교를 했다.

다니던 학교지만 전혀 다른 곳에 간 것 같은 새로운 기분이 들었다. 교실 입구에는 환영 문구가 붙어 있었다. 들뜬 마음으로 교실 안으로 들어가니 작년에 같은 반이었던 민지가 먼저 등교해서 앉아 있었다. 반가운 마음에 민지에게 인사를 했다. 민지도 나에게 인사를 하며 활짝 웃었다. 민지 말고도 아는 친구들이 조금 더 보여서 마음이 놓였다.

잠시 후에 새로운 담임 선생님께서 교실 앞문으로 등장하셨다. 우리 반 친구들은 선생님께 인사를 했다. 선생님께서는 우리 반의 규칙을 설명해 주셨다. 친구들과 돌아가면서 자기소개도 했다.

올해에는 무엇을 배우고 어떤 친구들을 사귀게 될지, 어떤 일이 일어날지 기대가 된다. 아직은 우리 반 친구들이 조금 어색하지만, 곧 친해지겠지? 올해에도 열심히 공부하고, 친구들과 재미있는 시간을 보내고 싶다.

5

10

15

- **설레는** 마음이 가라앉지 아니하고 들떠서 두근거리는.
- **문구**(글월 문 文, 구절 구 句) 특별한 뜻을 나타내는, 몇 낱말로 된 말.
- **들뜬** 마음이나 분위기가 가라앉지 아니하고 조금 흥분된.
- **등장** 사람이 무대나 연단 위에 나타나는 것.
- **어색하지만** 서먹서먹하고 쑥스럽지만.

1

제목

빈칸에 알맞은 낱말을 넣어 이 글의 제목을 완성하세요.

• 새 학년 처음 [　][　] 한 날

2 글의 특징

이 글에 대한 설명으로 알맞은 것을 두 가지 고르세요. (,   )

① 학교에 가는 방법을 알려 주는 글이다.
② 선생님께 감사의 마음을 전하는 글이다.
③ 글쓴이의 생각과 느낌이 잘 드러나는 글이다.
④ 글쓴이가 학교에서 겪은 일에 대해 쓴 글이다.
⑤ 여행을 하면서 보고, 듣고, 느낀 점을 시간 순서에 따라 쓴 글이다.

3 내용 이해

이 글의 내용과 다른 것은 무엇인가요? (   )

① 선생님께서 새 교과서를 나누어 주셨다.
② 교실 입구에는 환영 문구가 붙어 있었다.
③ 우리 반 친구들과 돌아가면서 자기소개를 했다.
④ 아침 일찍 일어나서 아침밥을 먹고 등교를 했다.
⑤ 작년에 같은 반이었던 민지와 올해에도 같은 반이 되었다.

4 어휘 / 관계

㉠과 바꾸어 쓸 수 있는 말은 무엇인가요? (   )

① 졸업하는   ② 학교에 가는
③ 등산을 가는   ④ 소풍을 가는
⑤ 집으로 가는

5 어휘 / 적용

다음 빈칸에 공통으로 들어갈 낱말에 ○표 하세요.

• 인기 배우의 [   ]으로 공연장이 떠들썩했다.
• 무대 위에 아이돌 가수가 [   ]하자 사람들이 환호했다.

(1) 당장   (   )
(2) 등장   (   )

등 **登** – 들어가다 | 교 **校** – 학교

등교
×
학교에 **감**

학생이 학교에 감.

예 ❶ ☐☐하기 전에 숙제와 준비물을 꼭 확인해야 해.

☑ **반대되는 말 하교** 공부를 끝내고 학교에서 집으로 돌아옴.

답 ❶ (   )

확장

등 **登**(1. 오르다 2. 들어가다)이 들어간 한자어

등장 등 **登** – 오르다 | 장 **場** – 장소

사람이 무대나 연단 위에 나타나는 것.

예 교장 선생님께서 훈화 말씀을 하시려고 무대 위에 ❷☐☐하셨다.

예 응원단이 등장하자 선수들은 더욱 힘이 났다.

답 ❷ (   )

등산 등 **登** – 오르다 | 산 **山** – 산

운동, 놀이, 탐험 따위의 목적으로 산에 오름.

예 우리 가족은 주말마다 ❸☐☐을 간다.

☑ **반대되는 말 하산** 산에서 내려오거나 내려감.

답 ❸ (   )

이해 다음 낱말의 뜻을 보기 에서 찾아 기호를 쓰세요.

> 보기
> ㉠ 학생이 학교에 감.
> ㉡ 사람이 무대나 연단 위에 나타나는 것.
> ㉢ 운동, 놀이, 탐험 따위의 목적으로 산에 오름.

1 등장 ( )

2 등산 ( )

3 등교 ( )

적용 다음 낱말이 들어갈 문장을 찾아 알맞게 선으로 이으세요.

4 등산 ·

· ㉮ 무대에 주인공이 ( )했다.

5 등장 ·

· ㉯ 하진이는 늦잠을 자서 ( ) 시간에 늦을 뻔 했다.

6 등교 ·

· ㉰ 나는 아침마다 가까운 산을 ( )하는 것을 좋아한다.

심화 **7** 다음 글에서 파란색으로 쓰인 말과 바꾸어 쓸 수 있는 낱말을 찾아 기호를 쓰세요.

> 우리 ㉠가족은 가을이 되면 가까운 산으로 가서 ㉡등산을 즐겨요. 등산로 위에 펼쳐진 빨갛고 노란 단풍이 아름답기 때문이에요. 산을 오르는 것은 건강에도 좋고 스트레스를 줄이는 데도 ㉢도움이 된다고 해요. 등산을 하고 나면 몸과 마음이 활기찬 기분이 들어요.

( )

02

상대방을 배려하는 대화

핵심어

대화

대 對 – 대하다
화 話 – 이야기하다
마주 대하여 이야기를 주
고받음. 또는 그 이야기.

말 한마디에 천 냥 빚을 갚는다는 속담을 알고 있나요? 말 한마디로 큰 빚을 갚을 만큼 말이 중요하다는 뜻이에요. 그런데 "이게 다 너 때문이야."처럼 남을 탓하거나 "흥. 그러면 그렇지."처럼 **빈정거리면** 즐거운 대화를 하기가 어렵겠지요. **상대방**과 사이좋게 지내려면 ㉠**배려** 하는 대화를 해야 한답니다. 그렇다면 상대방을 배려하는 대화를 하려면 어떻게 해야 할까요? 5

배려하는 대화를 하려면 상대방의 기분과 **처지**를 잘 살펴야 해요. 상대방의 처지를 생각하며 기분에 **공감**해 주면 대화가 더 즐거워지겠지요. "그랬구나."와 같이 대답하는 것도 방법이 될 수 있어요. 또 무시하거나 비웃는 말은 상대방에게 상처를 줄 수 있으므로 쓰지 않아 10 야 해요.

표정과 눈길, 몸짓과 말투도 알맞게 사용해서 대화해야 해요. 상대방의 얼굴을 보며 ㉡이야기할 때는 미소를 짓고, 따뜻한 눈길로 상대방을 봐요. 손은 팔짱을 끼지 말고 자연스럽게 두어요. 그리고 상대방과 가까이 서서 고개를 끄덕이며 말을 들어주고, 부드럽고 다정한 15 말투로 이야기해요.

배려하는 말하기는 내가 한 말을 상대방이 듣는다면 기분이 어떠할까를 생각해서 말하는 것이에요. 오늘부터 상대방을 배려하는 말하기를 실천해 보는 것은 어떨까요?

- **빈정거리면** 남을 은근히 비웃는 태도로 자꾸 놀리면.
- **상대방** 어떤 일이나 말을 할 때 짝을 이루는 사람.
- **배려** 도와주거나 보살펴 주려고 마음을 씀.
- **처지** 처하여 있는 사정이나 형편.
- **공감**(함께 공 共, 느낄 감 感) 남의 감정, 의견, 주장 따위에 대하여 자기도 그렇다고 느낌. 또는 그렇게 느끼는 기분.

1

설명 대상

이 글에서 설명하는 것은 무엇인지 쓰세요.

• 상대방을 배려하는 [ ][ ] 방법

2 이 글의 내용과 <u>다른</u> 것은 무엇인가요? (   )

① "그랬구나."와 같이 대답하는 것도 공감하는 대화이다.

② 무시하거나 비웃는 말은 상대방에게 상처를 줄 수 있다.

③ 대화할 때 상대방을 위해 손은 자연스럽게 팔짱을 끼어야 한다.

④ 대화할 때는 표정과 눈길, 몸짓과 말투를 알맞게 사용해야 한다.

⑤ 배려하는 말하기를 하려면 상대방의 기분과 처지를 잘 살펴야 한다.

3 배려하는 말하기를 잘 실천하지 <u>못하고</u> 있는 친구는 누구인가요? (   )

① 상대방을 놀리며 비웃는 시원

② 부드럽고 다정한 말투로 말하는 유담

③ 미소를 지으며 상대방을 바라보는 윤아

④ 상대방의 기분에 공감하는 대답을 하는 진솔

⑤ 상대방의 말에 고개를 끄덕이며 대화하는 예린

4 ㉠의 뜻으로 알맞은 것에 ○표 하세요.

(1) 처하여 있는 사정이나 형편.   (   )

(2) 도와주거나 보살펴 주려고 마음을 씀.   (   )

5 ㉡과 바꾸어 쓸 수 있는 낱말은 무엇인가요? (   )

① 대립   ② 대조

③ 대면   ④ 대답

⑤ 대화

↓ 핵심어

대 對 – 대하다 | 화 話 – 이야기하다

대화

마주 **대하여 이야기**함

마주 대하여 이야기를 주고받음. 또는 그 이야기.

예 개학 날이 되어 오랜만에 친구들과 ❶☐☐를 나누었다.

답 ❶ (   )

 확장

대 對 (1. 대답하다 2. 대하다)가 들어간 한자어

대답 대 對 – 대답하다 | 답 答 – 대답하다

1. 부르는 말에 응하여 어떤 말을 함. 또는 그 말.

예 너는 왜 불러도 ❷☐☐이 없니?

2. 상대가 묻거나 요구하는 것에 대하여 해답이나 제 뜻을 말함. 또는 그런 말.

예 그는 나의 질문에 대답하지 못했습니다.

답 ❷ (   )

대면 대 對 – 대하다 | 면 面 – 얼굴

서로 얼굴을 마주 보고 대함.

예 온라인 수업이 ❸☐☐ 수업으로 바뀌었다.

예 오늘이 그들의 첫 대면이었다.

답 ❸ (   )

이해 다음 낱말과 뜻을 알맞게 선으로 이으세요.

1 대답 •

• ㉮ 서로 얼굴을 마주 보고 대함.

2 대화 •

• ㉯ 부르는 말에 응하여 어떤 말을 함. 또는 그 말.

3 대면 •

• ㉰ 마주 대하여 이야기를 주고받음. 또는 그 이야기.

적용 밑줄 친 부분과 비슷한 뜻을 가진 낱말을 보기 에서 찾아 쓰세요.

> **보기**
>
> | 대면 | 대화 | 대답 |

4 동후와 이야기를 나누면 정말 즐거워.　　　　　　　　(　　　)

5 재한이는 몇 번을 불러도 부르는 말에 대해 어떤 말도 하지 않았다.

　　　　　　　　　　　　　　　　　　　　　　　(　　　)

6 오늘 예은이와 처음 서로의 얼굴을 보았지만, 오래전부터 알던 친구 같았다.

　　　　　　　　　　　　　　　　　　　　　　　(　　　)

심화 **7** 다음 글에서 파란색으로 쓰인 말과 뜻이 반대인 낱말을 찾아 기호를 쓰세요.

> 비대면으로 대화하는 대신에 만나서 ㉠대면으로 이야기하면 좋은 점이 많아요. ㉡상대방의 몸짓과 표정을 쉽게 읽을 수 있기 때문에 서로 ㉢오해를 줄일 수 있어요. 또, 상대방의 말을 더욱 귀 기울여 듣게 되어요.

　　　　　　　　　　　　　　　　　　　　　　　(　　　)

03

방법

방 方 – 수단
법 法 – 방법

어떤 일을 해 나가거나 목적을 이루기 위하여 취하는 수단이나 방식.

- **피해** 생명이나 신체, 재산 따위에 손해를 입음. 또는 그 손해.

- **대처** 어려운 일을 이겨 내기에 알맞은 행위를 하는 것.

- **대피** 위험이나 피해를 입지 않도록 일시적으로 피함.

- **비상구**(아닐 비 非, 항상 상 常, 입구 口) 화재나 지진 따위의 갑작스러운 사고가 일어날 때에 급히 대피할 수 있도록 특별히 마련한 출입구.

- **침착** 행동이 들뜨지 아니하고 차분함.

지진이 났을 때 대처하는 방법

땅이 갈라지면서 흔들리는 것을 '지진'이라고 해요. 그동안 우리나라는 지진에 안전한 나라로 알려져 있었지만, 2017년에 포항에 일어났던 지진으로 많은 사람들이 다치거나 재산에 **피해**를 입었어요. 더이상 우리나라도 지진에서 안전하다고 할 수 없는 것이지요. 만약 또지진이 난다면 우리는 어떻게 **대처**해야 할까요?   5

지진이 났을 때 건물 안에 있다면 책상이나 식탁의 아래로 들어가위에서 떨어지는 물건들로부터 몸을 ㉠보호해야 해요. 땅이 흔들리기 때문에 책상이나 식탁의 다리를 잡고 있어야 하고요. 흔들림이 멈추면 운동장이나 공원 등 넓은 곳으로 **대피**해야 해요. 대피할 때에는엘리베이터를 타지 말고 **비상구**의 계단을 이용해야 해요.   10

지진이 났을 때 건물 밖에 있다면 주위에 있는 건물에서 물건이 떨어질 수도 있기 때문에 가방이나 손으로 머리를 보호해야 해요. 건물과는 되도록 멀리 떨어져서 주위를 살피며 이동해요. 이때 역시 운동장이나 공원 등 주변에 건물이 없는 넓은 곳으로 대피해야 해요.

지진은 짧은 시간 동안 일어나기 때문에 **침착**하게 가까이에 있는   15
안전한 곳으로 피하는 것이 중요해요. 지진이 났을 때 큰 피해가 없도록 평소에 대처 방법을 잘 알아 두도록 해요.

1

설명 대상

이 글에서 설명하는 것은 무엇인지 쓰세요.

• ☐☐ 이 났을 때 대처하는 방법

2

내용 이해

이 글의 내용과 <u>다른</u> 것은 무엇인가요? (　　　)

① 우리나라에서는 지진이 일어나지 않는다.

② 지진으로 대피할 때에는 비상구의 계단을 이용해야 한다.

③ 지진이 나면 떨어지는 물건으로부터 머리를 보호해야 한다.

④ 지진이 났을 때 건물 안에 있으면 책상이나 식탁의 아래로 들어가야 한다.

⑤ 지진이 나면 운동장이나 공원 등 주변에 건물이 없는 넓은 곳으로 대피한다.

3

적용

다음 중 지진이 났을 때 알맞게 대처한 친구는 누구인가요? (　　　)

① 책상 위로 올라간 진희

② 운동장으로 대피한 우진

③ 엘리베이터를 타고 대피한 해인

④ 건물에 가까이 붙어서 대피한 도율

⑤ 건물 밖에서 건물 안으로 들어간 예은

어휘

4

뜻

㉠의 뜻으로 알맞은 것은 무엇인가요? (　　　)

① 뜻밖에 일어난 불행한 일.

② 사정이 몹시 딱하고 어려움.

③ 위험이 생기거나 사고가 나기 쉬움.

④ 어려운 일을 이겨 내기에 알맞지 않은 일을 하는 것.

⑤ 위험이나 곤란 따위가 미치지 아니하도록 잘 보살펴 돌봄.

어휘

5

적용

다음 빈칸에 공통으로 들어갈 말로 알맞은 것에 ◯표 하세요.

> • 무슨 좋은 ⬚⬚⬚⬚이 없을까요?
>
> • 이 문제를 푸는 ⬚⬚⬚⬚을 전혀 모르겠어.
>
> • 새로 산 장난감의 사용 ⬚⬚⬚⬚을 몰라서 고민 중이다.

(방법 , 방향)

↓ 핵심어

방 方 – 수단 | 법 法 – 방법

방법

수단이나 방식

어떤 일을 해 나가거나 목적을 이루기 위하여 취하는 수단이나 방식.

예 이 문제를 해결하는 가장 좋은 ❶□□은 차분히 생각하는 것입니다.

☑ 비슷한 말 **방식** 일정한 방법이나 형식.

답 ❶ (   )

확장

방 方 (1. 네모 2. 수단 3. 방향)이 들어간 한자어

방향　방 方 – 방향 | 향 向 – 향하다

1. 무엇이 나아가거나 향하는 쪽.

예 길을 잘못 들어 ❷□□을 잃고 한참 헤맸다.

2. 움직여 나가는 쪽. 또는 목표에 이르게 하는 쪽.

예 어차피 일이 이렇게 됐으니 좋은 방향으로 해결하자.

답 ❷ (   )

사방　사 四 – 넷 | 방 方 – 방향

1. 동, 서, 남, 북 네 방위를 통틀어 이르는 말.

예 그 집은 ❸□□이 큰 담으로 둘러싸여 있습니다.

2. 동서남북의 주위 일대.

예 갑자기 사방이 조용해졌습니다.

답 ❸ (   )

이해 다음 뜻에 해당하는 낱말을 보기 에서 찾아 쓰세요.

보기

방법	사방	방향

1 무엇이 나아가거나 향하는 쪽. (   )

2 동, 서, 남, 북 네 방위를 통틀어 이르는 말. (   )

3 어떤 일을 해 나가거나 목적을 이루기 위하여 취하는 수단이나 방식.

(   )

적용 다음 낱말이 들어갈 문장을 찾아 알맞게 선으로 이으세요.

4 사방 ·

· ㉮ 우리 집으로 가는 (   )은 이쪽이 아니야.

5 방법 ·

· ㉯ 우리 학교는 봄이 되면 (   )에 예쁜 벚꽃이 피어요.

6 방향 ·

· ㉰ 건강한 식사 (   )은 채소와 과일을 많이 먹는 것입니다.

심화 **7** 다음 글에서 빈칸에 들어갈 알맞은 낱말을 찾아 기호를 쓰세요.

㉠산에는 길이 여러 군데로 나 있기 때문에 길을 잃기 쉬워요. 산에서 길을 잃지 않으려면 항상 앞으로 나아갈 ㉡방향을 생각해야 해요. 잘 모르겠다면 나침반이나 ㉢지도를 이용하면 좋아요. 어떤 [   ](으)로 나아가야 할지 정확히 알 수 있어서 도움이 되기 때문이에요.

(   )

핵심어

반대

반 反 – 반대하다
대 對 – 대하다
어떤 행동이나 견해, 제안
따위에 따르지 아니하고 맞
서 거스름.

● **동상** 사람이나 동물의 형상
으로 만든 기념물. 주로 구
리로 만든다.

● **부탁** 어떤 일을 해 달라고
청하거나 맡김. 또는 그 일
거리.

● **철거** 건물, 시설 따위를 무
너뜨려 없애거나 걷어치움.

● **영혼** 육체에 들어 있어 인
간의 활동을 지배하고, 죽은
후에도 따로 존재할 수 있다
고 믿어지는 존재.

● **인상** 어떤 대상에 대하여 마
음속에 새겨지는 느낌.

왕자를 위한 제비의 반대

도서관에서 책을 살펴보는데 『행복한 왕자』라는 책이 눈에 띄었다. 책 제목을 보고 왕자가 행복한 까닭이 무엇일까 궁금해서 읽게 되었다.

행복한 왕자는 보석과 금으로 꾸며진 **동상**이다. 어느 날, 왕자는 급하게 추위를 피해 남쪽 나라로 날아가던 제비를 만나게 된다. 왕자는 제비에게 자신의 보석을 떼어 어려운 사람들에게 나누어 주라고 **부탁**한다. 제비는 왕자의 부탁을 거절하지 못하고 계속해서 사람들을 도와준다. 마침내 왕자에게는 한쪽의 사파이어 눈만 남게 되는데, 왕자는 이것마저 성냥팔이 소녀에게 주려고 한다. 제비는 그 눈마저 빼면 왕자가 아무것도 볼 수 없을 것이라며 ㉠반대한다. 하지만 왕자는 뜻을 굽히지 않고, 제비는 왕자의 사파이어 눈을 성냥팔이 소녀에게 가져다준다. 그 후 왕자는 제비에게 이제라도 남쪽 나라로 떠나라고 하지만, 제비는 아무것도 볼 수 없는 왕자를 두고 떠날 수 없다며 강하게 반대한다. 결국 날이 추워져 제비는 얼어 죽게 되고, 초라한 동상이 된 왕자 역시 **철거**된다. 하지만 둘의 **영혼**은 하늘에서 만나 행복하게 살게 된다.

자신의 모든 것을 다른 사람들을 돕는 데 사용한 왕자도 대단했지만, 끝까지 왕자를 위하는 마음을 간직한 제비의 모습도 **인상** 깊었다. 왕자와 제비를 보며 행복이란 누군가를 위하는 마음이 아닐까 하는 생각이 들었다.

5
10
15
20

1
인물

『행복한 왕자』에서 중심이 되는 인물은 누구누구인지 쓰세요.

· [　][　] 와 [　][　]

2

글의 특징

이 글의 특징으로 알맞은 것은 무엇인가요? ( )

① 제비를 보호하자고 주장하는 글이다.

② 책을 읽고 줄거리와 느낌을 쓴 글이다.

③ 책을 읽고 등장인물에게 쓴 편지글이다.

④ 도서관에서 책을 빌리는 방법을 설명하는 글이다.

⑤ '행복한 왕자' 동상이 있는 곳에 다녀온 경험을 쓴 글이다.

3

추론

이 글을 통해 '행복한 왕자'에 대하여 알 수 있는 것은 무엇인가요? ( )

① 쉽게 포기하는 삶을 산다.

② 자연환경을 보호하는 삶을 산다.

③ 자신의 이익만을 생각하는 삶을 산다.

④ 다른 사람들의 말을 따르는 삶을 산다.

⑤ 다른 사람을 위하여 희생하는 삶을 산다.

어휘

4

관계

㉠과 뜻이 반대되는 낱말로 알맞은 것은 무엇인가요? ( )

① 부탁 ② 찬성

③ 위반 ④ 반납

⑤ 포기

어휘

5

적용

다음 빈칸에 공통으로 들어갈 말로 알맞은 것에 ○표 하세요.

• 좋아하는 음식을 먹으면 [   ]한 기분이 든다.

• 가지고 싶었던 장난감을 선물 받아서 무척 [   ]했다.

(행복 , 실망 , 마음)

어휘 학습

 동영상 강의

핵심어

반 反 – 반대하다 | 대 對 – 대하다

반대

맞서 거스름

어떤 행동이나 견해, 제안 따위에 따르지 아니하고 맞서 거스름.

예 부모님이 ❶◻◻하셨지만 형은 자기 마음대로 했다.

☑ **반대되는 말 찬성** 어떤 행동이나 견해, 제안 따위가 옳거나 좋다고 판단하여 수긍함.

답 ❶ ( )

 확장

반 反 (1. 돌이키다 2. 반대하다 3. 돌아오다 4. 어기다)이 들어간 한자어

반응 반 反 – 돌아오다 | 응 應 – 응하다

자극에 대응하여 어떤 현상이 일어남. 또는 그 현상.

예 그 공연은 관객들에게 좋은 ❷◻◻을 얻었다.

☑ **반대되는 말 자극** 어떠한 작용을 주어 감각이나 마음에 반응이 일어나게 함. 또는 그런 작용을 하는 사물.

답 ❷ ( )

위반 위 違 – 어기다 | 반 反 – 어기다

법률, 명령, 약속 따위를 지키지 않고 어김.

예 그는 신호 ❸◻◻으로 벌금을 냈다.

☑ **비슷한 말 반칙** 법칙이나 규정, 규칙 따위를 어김.

답 ❸ ( )

026 | 초등 국어 어휘×독해 2단계

이해 다음 낱말의 뜻을 보기 에서 찾아 기호를 쓰세요.

> 보기
> ㉠ 법률, 명령, 약속 따위를 지키지 않고 어김.
> ㉡ 자극에 대응하여 어떤 현상이 일어남. 또는 그 현상.
> ㉢ 어떤 행동이나 견해, 제안 따위에 따르지 아니하고 맞서 거스름.

1 반응 ( )

2 반대 ( )

3 위반 ( )

적용 다음 낱말이 들어갈 문장을 찾아 알맞게 선으로 이으세요.

4 위반 •

     • ㉮ 그는 교통 법규 ( )(으)로 벌금을 냈다.

5 반응 •

     • ㉯ 나는 그 의견에 ( )의 뜻을 분명하게 했다.

6 반대 •

     • ㉰ 놀이터에 놀러 가자는 내 말에 누나가 귀찮다는 ( )을/를 했다.

심화 **7** 다음 글에서 빈칸에 들어갈 알맞은 낱말을 찾아 기호를 쓰세요.

> 미국의 화학자 스펜서 실버는 새로운 강력한 접착제를 만들려고 하다가 실패했어요. 그러다 몇 년 후에 실패한 접착제로 붙였다 뗄 수 있는 메모지를 만들게 되었는데 이것이 바로 '포스트잇'이에요. 처음에는 포스트잇에 대한 사람들의 ☐☐☐이 좋지 않았다고 해요. 하지만 포기하지 않고 여러 회사의 비서들에게 이 ㉠제품을 보냈는데 ㉡반응이 아주 좋았어요. 그리하여 포스트잇은 전 세계에 판매되기 ㉢시작했어요.

( )

지역을 대표하는 건물 '   '

'프랑스'하면 떠오르는 것이 무엇인가요? 혹시 '에펠 탑'이 떠오르지는 않나요? 또 '이집트'하면 '피라미드'가 떠오르기도 하지요. 프랑스의 에펠 탑이나 이집트의 피라미드처럼 '어느 곳'하면 떠오르는 대표적인 ㉠건물을 '랜드마크'라고 해요.

랜드마크는 원래 **탐험가**나 여행자들이 여러 곳을 돌아다니다가 **특정**한 장소로 돌아올 수 있도록 표시를 해 둔 것을 가리키는 말이었어요. 하지만 오늘날에는 더 넓은 뜻으로 사용되고 있어요. 오늘날 랜드마크는 두드러지게 눈에 띄어서 지역을 대표할 수 있는 건물이나 유명한 **문화재** 등을 말해요. 예를 들어 호주의 오페라 하우스, 런던의 빅 벤, 이탈리아의 콜로세움 등이 랜드마크라고 할 수 있지요. 우리나라의 경우에는 N서울타워가 랜드마크의 **역할**을 하고 있어요. 잘 만들어진 랜드마크는 수백 년 동안 한 자리를 지키며 도시나 나라를 대표하는 얼굴이 되어요. 또 많은 관광객을 끌어들이기도 한답니다.

랜드마크를 만들기 위해 ㉡**거대**하고 멋진 건물을 새롭게 **건설**하기도 해요. 건물을 더 높이, 더 크게 지어서 지역이나 나라를 대표하게 만드는 것이지요. 세계에서 가장 높은 건물로 알려진 두바이의 '부르즈 할리파'도 그중 하나입니다.

5

10

15

● **탐험가** 위험을 무릅쓰고 어떤 곳을 찾아가서 살펴보고 조사하는 일을 전문으로 하는 사람.

● **특정** 특별히 지정함.

● **문화재**(글월 문 文, 될 화 化, 재물 재 財) 문화 활동에 의하여 창조된 가치가 뛰어난 사물.

● **역할**(부릴 역 役, 나눌 할 割) 자기가 마땅히 하여야 할 맡은 바 직책이나 임무.

● **거대**(클 거 巨, 큰 대 大) 엄청나게 큼.

● **건설**(세울 건 建, 베풀 설 設) 건물, 설비, 시설 따위를 새로 만들어 세움.

1
제목

빈칸에 알맞은 낱말을 넣어 이 글의 제목을 완성하세요.

• 지역을 대표하는 건물 '   '

2

내용 이해

이 글의 내용과 다른 것은 무엇인가요? (   )

① 프랑스의 '에펠 탑'은 랜드마크이다.

② 랜드마크를 새롭게 건설할 수는 없다.

③ 랜드마크는 지역을 대표하는 건물을 말한다.

④ 랜드마크는 많은 관광객을 끌어들이기도 한다.

⑤ 랜드마크는 도시나 나라를 대표하는 얼굴이다.

3

적용

다음 중 랜드마크에 해당하는 것에 모두 ○표 하세요.

⑴ 중국을 떠올리면 생각나는 '만리장성'   (   )

⑵ 미술관에 전시된 고흐의 그림 '해바라기'   (   )

⑶ 매년 관광객들이 모여드는 인도의 '타지마할'   (   )

⑷ 친구와 나만 알고 있는 우리 마을의 비밀 장소   (   )

4

적용

다음 빈칸에 ㉠을 넣었을 때 어울리지 않는 것은 무엇인가요? (   )

① 우리 집 옆 [   ]이 다 지어졌다.

② 새로운 공항이 [   ]될 예정이다.

③ 나는 [   ]의 모퉁이 쪽으로 걸어갔다.

④ 그 [   ] 2층에 내가 다니는 학원이 있다.

⑤ 아파트 [   ] 바로 앞에는 놀이터가 있다.

5

관계

㉡과 바꾸어 쓸 수 없는 낱말은 무엇인가요? (   )

① 크고   ② 웅장하고

③ 커다랗고   ④ 조그맣고

⑤ 큼직하고

어휘 학습

동영상 강의

건 建 – 세우다 | 물 物 – 물건

건물

지은 집

사람이 들어 살거나, 일을 하거나, 물건을 넣어 두기 위하여 지은 집을 통틀어 이르는 말.

예 우리 학교 뒤에는 3층짜리 작은 ❶□□이 있다.

답❶ (   )

확장

건 建 (세우다)이 들어간 한자어

건설 건 建 – 세우다 | 설 設 – 세우다

건물, 설비, 시설 따위를 새로 만들어 세움.

예 나라에서 우리 지역에 새 발전소를 ❷□□하는 것을 검토하고 있다.

☑ 반대되는 말 파괴 때려 부수거나 깨뜨려 헐어 버림.

답❷ (   )

건국 건 建 – 세우다 | 국 國 – 나라

나라가 세워짐. 또는 나라를 세움.

예 태조 왕건은 고려를 ❸□□한 사람이다.

☑ 비슷한 말 개국 새로 나라를 세움.

답❸ (   )

이해

다음 낱말과 뜻을 알맞게 선으로 이으세요.

1 건물 •

• ㉮ 나라가 세워짐. 또는 나라를 세움.

2 건설 •

• ㉯ 건물, 설비, 시설 따위를 새로 만들어 세움.

3 건국 •

• ㉰ 사람이 들어 살거나, 일을 하거나, 물건을 넣어 두기 위하여 지은 집을 통틀어 이르는 말.

적용

다음 빈칸에 들어갈 낱말을 보기 에서 찾아 쓰세요.

보기

건설	건국	건물

4 우리 집 앞에 새로운 (   )을 짓고 있다.

5 차가 많이 다니는 곳이라 도로를 더 (   )하기로 하였다.

6 알에서 나온 박혁거세가 신라를 (   )한 것으로 알려져 있다.

심화

7 다음 글에서 빈칸에 들어갈 알맞은 낱말은 무엇인가요? (   )

주몽은 하늘의 아들인 '해모수'와 물의 신 하백의 딸 '유화' 사이에서 태어났습니다. 영특하고 총명한 주몽은 금와왕의 아들들이 자신을 질투하여 죽이려고 하자, 그들을 피해 졸본으로 가서 새로운 나라를 [   ]했습니다.

① 설치   ② 증명   ③ 건국   ④ 애국   ⑤ 발전

외출 후에는 [   ]을 씻어요

손은 우리가 일상생활에서 가장 많이 사용하는 몸의 **부분** 중 하나예요. 그러다 보니 여러 가지 물건을 만지면서 다양한 세균과 바이러스가 손에 묻게 돼요. 그러므로 우리 몸을 지키기 위해서는 더러워진 손을 씻는 것이 아주 중요해요.

우리 손에는 세균이나 바이러스 같은 눈에 보이지 않는 **미생물**이 5
많이 있어요. 보통 한쪽 손에만 6만 마리 정도의 미생물이 있다고 해요. 그중 병을 일으키는 **균**이 우리 몸에 **감염**을 일으켜 병에 걸리게 해요. 균은 시간이 지나면서 점점 늘어나는데 손을 씻으면 수가 적어지고, 감염을 일으키지 못하게 돼요.

손 씻기는 손에 있는 세균과 바이러스를 없애고 다양한 병을 **예방** 10
하는데 중요한 역할을 해요. 특히, 독감이나 수족구 같은 ㉠**전염병**
예방을 위해서 ㉡외출 후에는 반드시 손을 씻어야 해요. 손을 씻지 않고 집에 들어가서 이것저것을 만지게 되면 물건에 세균과 바이러스가 묻게 돼 나뿐만 아니라 다른 가족까지 병에 걸릴 수 있어요.

올바른 손 씻기 방법은 흐르는 물에 양손을 적신 후 손바닥에 충분 15
한 양의 비누를 묻혀 구석구석 문지르는 거예요. 비누칠한 손을 30초 정도 문지르는 것만으로도 뛰어난 **세정** 효과가 있다고 하니, 우리 모두 손 씻기의 중요성을 잊지 말도록 해요.

- **부분** 전체를 이루는 작은 범위. 또는 전체를 몇 개로 나눈 것의 하나.
- **미생물** 눈으로는 볼 수 없는 아주 작은 생물.
- **균** 맨눈으로는 볼 수 없이 아주 작으며 다른 생물의 병을 일으키거나 물질을 썩게 하는 일을 하는 생물.
- **감염** 병균이 몸에 옮아서 병에 걸리는 것.
- **예방** 질병이나 재해 따위가 일어나기 전에 미리 대처하여 막는 일.
- **전염병** 전염이 되는 질병.
- **세정**(씻을 세 洗, 깨끗할 정 淨) 씻어서 깨끗이 함.

---

1 빈칸에 알맞은 낱말을 넣어 이 글의 제목을 완성하세요.

제목

- 외출 후에는 [   ]을 씻어요

2 이 글의 내용과 <u>다른</u> 것은 무엇인가요? (   )

내용 이해

① 손에 있는 균은 시간이 지나면서 점점 사라진다.

② 손 씻기는 병을 예방하는 데 중요한 역할을 한다.

③ 우리 손에는 눈에 보이지 않는 미생물이 많이 있다.

④ 병을 일으키는 균이 우리 몸에 감염을 일으켜 병에 걸리게 한다.

⑤ 외출 후 손을 씻지 않으면 나뿐만 아니라 가족도 병에 걸릴 수 있다.

3 이 글을 읽고 짐작한 것을 알맞게 말하지 <u>못한</u> 친구의 이름을 쓰세요.

추론

> 진구: 균이 많아지면 우리 몸이 병에 걸리기 더 쉬워지겠어.
>
> 혜인: 올바른 손 씻기 방법은 흐르는 물로만 30초 동안 손을 씻는 거야.
>
> 하준: 손을 씻지 않으면 손에 있는 균은 시간이 지날수록 점점 늘어날 거야.

(   )

4 ㉠의 뜻으로 알맞은 것은 무엇인가요? (   )

어휘

뜻

① 치료가 쉬운 질병.

② 전염이 되는 질병.

③ 예방하기 어려운 질병.

④ 완전히 치료하기 어려운 질병.

⑤ 발생하는 까닭을 모르는 질병.

5 ㉡과 바꾸어 쓸 수 있는 말은 무엇인가요? (   )

어휘

관계

① 일출   ② 출발   ③ 실천

④ 충돌   ⑤ 나들이

어휘 학습

동영상 강의

↓ 핵심어

외 **外** – 바깥 | 출 **出** – 나가다

외출

밖으로 **나감**

집이나 일하는 곳에서 벗어나 잠시 밖으로 나감.

예 ❶ □□을 하려는데 갑자기 비가 쏟아져서 우산을 챙겼다.

☑ **비슷한 말 나들이** 집을 떠나 가까운 곳에 잠시 다녀오는 일.

답 ❶ (   )

외 **外** (바깥)가 들어간 한자어

외식   외 **外** – 바깥 | 식 **食** – 먹다

집에서 직접 해 먹지 아니하고 밖에서 음식을 사 먹음. 또는 그런 식사.

예 오늘은 내 생일이라 가족끼리 ❷ □□을 하기로 했다.

예 어제는 동물원에 가고 외식도 했다.

답 ❷ (   )

외국   외 **外** – 바깥 | 국 **國** – 나라

자기 나라가 아닌 다른 나라.

예 ❸ □□으로 여행을 갈 때는 여권이 꼭 필요하다.

☑ **비슷한 말 타국** 자기 나라가 아닌 남의 나라.

☑ **반대되는 말 내국** 자기 나라를 다른 나라에 상대하여 이르는 말.

답 ❸ (   )

이해 다음 낱말과 뜻을 알맞게 선으로 이으세요.

1 외출 •
• ㉮ 자기 나라가 아닌 다른 나라.

2 외식 •
• ㉯ 집이나 일하는 곳에서 벗어나 잠시 밖으로 나감.

3 외국 •
• ㉰ 집에서 직접 해 먹지 아니하고 밖에서 음식을 사 먹음. 또는 그런 식사.

적용 밑줄 친 부분과 비슷한 뜻을 가진 낱말을 보기 에서 찾아 쓰세요.

> 보기
>
> 외출   외식   외국

4 아버지께서는 다른 나라로 일주일 동안 출장을 가셨다. (   )

5 오늘은 형의 졸업식이라 밖에 나가서 식사하기로 했다. (   )

6 갑자기 날씨가 추워져서 잠시만 집 밖에 나가도 오들오들 떨게 된다.

(   )

심화 **7** 다음 글에서 파란색으로 쓰인 낱말과 바꾸어 쓸 수 있는 낱말을 찾아 기호를 쓰세요.

> 추운 겨울이 지나고 날씨가 따뜻해지면서 ㉠봄꽃이 피어나기 시작했어요. 공원을 가득 채운 꽃을 보기 위해 나들이를 나온 사람들이 많아요. 곳곳에는 ㉡외국에서 온 ㉢관광객들도 눈에 띄어요. 오래간만에 ㉣외출을 했으니 ㉤외식을 하려는 사람들도 많아요.

(   )

07

표현

표 表 – 나타내다
현 現 – 나타나다
느낌이나 생각을 말, 글, 예술 작품 등으로 나타내는 것.

고마운 마음을 표현하는 편지

하율이에게

하율아, 안녕? 나 이안이야. 잘 지내고 있니? 무더운 여름이 지나가고 벌써 선선한 바람이 불어오는 가을이 되었구나. 나는 이사를 온 이곳에서 잘 지내고 있어. 전학을 온 학교에서 새로운 선생님과 친구들을 만났어. 처음에는 조금 **서먹했지만** 모두 나에게 잘해 줘. 　5

그렇지만 아직은 그곳의 친구들이 그리워. 같이 웃고 뛰놀던 날들과 네가 장난스럽게 웃던 　⊙　 이 떠올라. 운동장에서 같이 뛰며 축구를 했던 것도, 함께 **텃밭**에 방울토마토를 심었던 것도 많이 생각나. 방울토마토는 잘 자라고 있니?

내가 전학을 가던 날, 선생님과 친구들이 편지를 써 주고, 선물도 　10 주어서 정말 **감동**했어. 편지를 읽을 때 눈물이 나려고 하더라. 특히 네가 선물로 준 책은 아주 ㉮**가벼워서** 들고 다니면서 언제든지 읽을 수 있을 것 같아.

내가 마음을 　ⓛ　하는 데 **서툴러서** 고맙다는 인사를 제대로 하지 못했어. 그래서 이렇게 편지로 다시 마음을 전할게. 정말 고마 　15 워. 선생님께도 감사의 편지를 보냈어. 다들 정말 보고 싶다.

난 여기서 잘 지내고 있을게. 너도 늘 건강히 잘 지내고 있어. 네가 생각이 날 때마다 편지도 자주 쓸게. 그럼 이만, 안녕.

20○○년 ○월 ○일 　20
이안이가

- **서먹했지만** 낯이 설거나 친하지 아니하여 어색했지만.
- **텃밭** 집터에 딸리거나 집 가까이 있는 밭.
- **감동**(느낄 감 感, 움직일 동 動) 크게 느끼어 마음이 움직임.
- **가벼워서** 무게가 적어서.
- **서툴러서** (무엇에) 익숙하거나 능숙하지 못해서.

1

인물

이 글은 누구에게 쓴 글인지 쓰세요.

· ☐☐ 이에게 쓴 글

2 이 글에 대한 설명으로 알맞은 것을 두 가지 고르세요. (,   )

글의 특징

① 글쓴이의 마음을 표현하는 글이다.
② 글쓴이의 주장이 잘 드러나는 글이다.
③ 편지를 쓰는 방법을 설명하는 글이다.
④ 있을 것 같은 일을 상상으로 꾸며서 지어낸 글이다.
⑤ '받을 사람 → 첫인사 → 전하고 싶은 말 → 끝인사 → 쓴 날짜 → 쓴 사람'의 차례로 쓰여진 글이다.

3 이 글의 내용과 <u>다른</u> 것은 무엇인가요? (   )

내용 이해

① 이안이는 하율이와 친구이다.
② 선생님은 하율이에게 편지를 써 주셨다.
③ 이안이는 하율이에게 책을 선물로 받았다.
④ 이안이와 하율이는 텃밭에 방울토마토를 심었다.
⑤ 이안이는 이사를 가면서 다니던 학교에서 다른 학교로 전학을 갔다.

4 어휘 ㉮와 뜻이 반대되는 낱말로 알맞은 것은 무엇인가요? (   )

관계

① 작아서   ② 얇아서   ③ 무거워서
④ 두꺼워서   ⑤ 거칠어서

5 어휘 ㉠과 ㉡에 들어갈 낱말로 알맞은 것을 보기 에서 찾아 쓰세요.

적용

보기

| 표정 | 표면 | 표현 | 표준 |

(1) ㉠ : (   )
(2) ㉡ : (   )

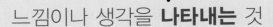 핵심어

표 表 – 나타내다 | 현 現 – 나타나다

표현

느낌이나 생각을 **나타내는** 것

느낌이나 생각을 말, 글, 예술 작품 등으로 나타내는 것.

예 자신의 감정을 솔직하게 ❶⬚⬚하는 것이 좋다.

답❶ ( )

 확장

표 表 (1. 겉 2. 나타내다 3. 드러내다)가 들어간 한자어

표정 표 表 – 드러내다 | 정 情 – 뜻

마음속의 감정이 얼굴에 드러난 모습.

예 그녀의 웃는 ❷⬚⬚은 모두를 기분 좋게 만든다.

☑ **비슷한 말 얼굴** (어떠한 생각, 느낌, 마음의 상태 등이) 겉으로 드러난 표정이나 모습.

답❷ ( )

표면 표 表 – 겉 | 면 面 – 얼굴

1. 사물의 가장 바깥쪽. 또는 가장 윗부분.

예 달의 ❸⬚⬚은 매우 거칠고 움푹하다.

2. 겉으로 나타나거나 눈에 띄는 부분.

예 서우는 항상 표면에 드러나는 일만 하려고 한다.

답❸ ( )

이해

보기 에서 글자들을 골라, 뜻에 알맞은 낱말을 두 글자로 만들어 쓰세요.

> **보기**
>
> | | | | |
> |---|---|---|---|
> | 표 | 현 | 감 | 자 |
> | 정 | 유 | 석 | 면 |

1 마음속의 감정이 얼굴에 드러난 모습.　　　　　　(　　　　　　)

2 사물의 가장 바깥쪽. 또는 가장 윗부분.　　　　　　(　　　　　　)

3 느낌이나 생각을 말, 글, 예술 작품 등으로 나타내는 것.　(　　　　　　)

적용

다음 낱말이 들어갈 문장을 찾아 알맞게 선으로 이으세요.

4　표면　·

　　　　·㉮ 선물을 내밀자 효정이의 (　　　　)이 환해
　　　　　졌다.

5　표정　·

　　　　·㉯ 말은 자신의 생각을 (　　　　)하는 방법 중
　　　　　하나이다.

6　표현　·

　　　　·㉰ 우주 탐사선이 화성의 (　　　　)을 조사하
　　　　　고 있다.

심화

7 다음 글에서 빈칸에 들어갈 낱말을 찾아 기호를 쓰세요.

> 　지구의 ㉠표면은 땅과 바다, 산과 계곡, 들판과 ㉡사막 등 다양한 모습으
> 로 이루어져 있어요. 지구 [　　　　]의 약 70%는 바다로 이루어져 있어요. 또
> 표면은 지진, 홍수, 태풍, 폭풍우 등으로 인해 항상 ㉢변화하고 있다고 해요.

　　　　　　　　　　　　　　　　　　　　　　　(　　　　　　)

08

기분

기 氣 – 기운
분 分 – 나누다
마음 속에 생기는 기쁨·슬픔·우울함 등의 감정 상태.

- **쾌적**(쾌할 쾌 快, 갈 적 適)
  기분이 상쾌하고 즐거움.

- **불쾌**(아닐 불 不, 쾌할 쾌 快) 못마땅하여 기분이 좋지 아니함.

- **기온**(기운 기 氣, 따뜻할 온 溫) 공기의 온도.

- **습도** 공기 가운데 수증기가 들어 있는 정도.

- **계산**(꾀할 계 計, 계산 산 算) 수를 헤아림.

- **기후**(기운 기 氣, 기후 후 候) 한 지역의 평균적인 날씨.

날씨에 따른 기분을 나타내는 불쾌지수

아주 무덥고 습한 여름에 끈적한 날씨 때문에 기분이 나빠졌다거나, 맑고 선선한 가을 날씨에 시원하고 산뜻한 기분을 느꼈던 적이 있지요? 이처럼 사람의 ___㉠___ 은 날씨의 영향을 많이 받아요.

그렇다면 혹시 '불쾌지수'라는 말을 들어본 적이 있나요? 불쾌지수란 날씨에 따라 사람이 ㉡쾌적하거나 ㉢불쾌한 기분을 느끼는 정도 ⁵를 숫자로 나타낸 것이에요. 미국의 기후학자 톰이 1959년에 처음 생각해 내어 발표한 것으로, **기온**과 **습도**를 이용해서 **계산**해요. 대부분의 사람들은 불쾌지수가 70 아래면 쾌적한 기분을 느끼고, 80보다 높은 경우에는 불쾌한 기분을 느낀다고 해요. 따라서 일반적으로 기온이 높고 공기 중의 습도가 높은 여름철에 불쾌지수가 높게 나타나지요. ¹⁰

하지만 사람의 기분에 영향을 주는 것은 온도나 습도뿐만 아니라 햇빛, 바람, 옷, 활동량 등 매우 다양해요. 불쾌지수는 온도와 습도만을 이용하여 계산하기 때문에 전 세계 모든 사람의 날씨에 따른 기분을 나타낼 수 있는 방법이라고 말하기는 어려워요. 나라마다 **기후**가 다르기 때문이에요. 그래서 세계적으로 통일된 하나의 불쾌지수라는 ¹⁵것은 없답니다. 대신 나라마다 기후에 맞는 불쾌지수를 만들어서 사용하고 있어요.

1

이 글에서 설명하는 것은 무엇인지 쓰세요.

설명 대상

2

내용 이해

이 글의 내용과 <u>다른</u> 것은 무엇인가요? (   )

① 보통 여름철에 불쾌지수가 높다.

② 사람의 기분은 날씨의 영향을 많이 받는다.

③ 세계적으로 통일된 하나의 불쾌지수가 있다.

④ 불쾌지수는 기온과 습도를 이용해서 계산한다.

⑤ 불쾌지수는 미국의 기후학자 톰이 처음으로 만들었다.

3

세부 내용

불쾌지수가 높아지는 상황으로 알맞은 것에 ○표 하세요.

기온이 (높고 / 낮고) 습도가 (높으면 / 낮으면) 불쾌지수가 높게 나타난다.

4

어휘

적용

㉠에 들어갈 말로 알맞은 것은 무엇인가요? (   )

① 바람   ② 기운

③ 기억   ④ 기분

⑤ 기술

5

어휘

관계

㉡과 ㉢의 두 낱말의 관계와 <u>다르게</u> 짝 지은 것은 무엇인가요? (   )

① 낮 – 밤

② 햇빛 – 바람

③ 악마 – 천사

④ 신랑 – 신부

⑤ 어른 – 아이

동영상 강의

⬇ 핵심어

기 氣 – 기운 | 분 分 – 나누다

기분

기쁨 · 슬픔 · 우울함 등의 감정

마음 속에 생기는 기쁨 · 슬픔 · 우울함 등의 감정 상태.

예 시험을 망쳤다고 생각했는데 생각보다 성적이 잘 나와서 ❶☐☐이 좋다.

☑ 비슷한 말 감정 어떤 현상이나 일에 대하여 일어나는 마음이나 느끼는 기분.

답 ❶ ( )

확장

기 | 氣 (1. 기운 2. 공기 3. 날씨)가 들어간 한자어

기온 기 氣 – 공기 | 온 溫 – 따뜻하다

공기의 온도.

예 오늘은 올여름 들어 ❷☐☐이 가장 높이 올랐다.

예 낮과 밤의 기온 차이가 심할 때는 감기에 걸리지 않도록 조심해야 한다.

답 ❷ ( )

기후 기 氣 – 날씨 | 후 候 – 기후

한 지역의 평균적인 날씨.

예 지구 온난화 때문에 세계의 ❸☐☐가 빠르게 변하고 있다.

예 이곳은 농사를 짓기에 좋은 기후이다.

답 ❸ ( )

이해 다음 낱말의 뜻을 [보기] 에서 찾아 기호를 쓰세요.

> **보기**
>
> ㉠ 공기의 온도.
> ㉡ 한 지역의 평균적인 날씨.
> ㉢ 마음 속에 생기는 기쁨·슬픔·우울함 등의 감정 상태.

1 기분 ( )

2 기온 ( )

3 기후 ( )

적용 다음 낱말이 들어갈 문장을 찾아 알맞게 선으로 이으세요.

4 기분 •

5 기온 •

6 기후 •

• ㉮ 새 학기를 맞아 오래간만에 새 옷을 꺼내 입었더니 ( )이/가 좋다.

• ㉯ 우리나라의 여름 ( )은/는 기온이 높고 습도가 높은 것이 특징이다.

• ㉰ 오후가 되자 ( )이/가 뚝 떨어지더니 갑자기 눈발이 날리기 시작했다.

심화 **7** 다음 글에서 파란색으로 쓰인 말과 바꾸어 쓸 수 있는 낱말을 찾아 기호를 쓰세요.

> 범수: 교실에 있다가 나오니까 공기의 온도가 갑자기 뚝 떨어진 것 같아.
> 우진: ㉠비가 온 다음에 갑자기 날씨가 추워졌어.
> 수연: ㉡기온이 갑자기 낮아지면 ㉢감기에 걸리기 쉽다던데. 다들 감기 조심해!

( )

09

핵심어

출입

출 出 - 나가다
입 入 - 들어가다
어느 곳을 드나듦.

출입과 이용의 주의할 점

지하철이나 기차와 같은 **열차**는 많은 사람이 이용하는 교통수단이에요. 열차를 타면 막히지 않아 예정된 시간까지 **목적지**에 도착할 수 있어요. 하지만 열차 이용에 익숙하지 않은 어린이들에게는 ㉠위험할 수 있어 주의가 필요해요.

첫째, 열차를 기다릴 때는 안전선 뒤로 한 걸음 물러나 기다려요. **승강장**에 안전문이 없는 곳은 더욱 위험해요. 안전선을 넘으면 **선로**에 떨어지거나 열차에 치이는 ㉡사고까지 발생할 수 있기 때문이에요. 그러므로 열차가 ㉢도착하고 출입문이 열릴 때까지 안전선을 넘지 않도록 주의해야 해요.

둘째, 열차가 도착하고 출입문이 완전히 열리면 승강장과 열차 사이의 틈을 잘 보면서 열차에 타요. 어린이들은 발이 작아 틈 사이에 발이 끼기 쉽기 때문에 열차에 출입할 때 특히 주의해야 해요. 또, 열차가 ⟨ ㉮ ⟩하려 한다고 ㉣무리하게 뛰어서 타면 안 돼요. 출입문에 끼어서 다칠 수 있기 때문이에요.

셋째, 열차에 탄 후에는 출입문에 기대지 말고, ㉤손잡이를 꼭 잡고 타요. 출입문에 기대면 문이 갑자기 열려서 다칠 수 있어요. 그리고 열차가 갑자기 움직이면서 넘어질 수 있으므로 손잡이를 꼭 잡고 타도록 해요.

지금까지 열차의 출입과 이용의 주의할 점을 알아보았어요. 이 내용을 기억하면서 열차를 ㉥안전하게 이용해 보아요.

5

10

15

20

- **열차**(벌일 열 列, 수레 차 車) 여러 개의 찻간을 길게 이어 놓은 차량. 흔히 전철이나 기차 따위를 이른다.
- **목적지**(눈 목 目, 과녁 적 的, 땅 지 地) 목적으로 삼는 곳.
- **승강장** 정거장이나 정류소에서 차를 타고 내리는 곳.
- **선로** 기차나 전차의 바퀴가 굴러가도록 레일을 깔아 놓은 길.

---

1 제목

빈칸에 알맞은 낱말을 넣어 이 글의 제목을 완성하세요.

· ⟨ ⟩⟨ ⟩ 출입과 이용의 주의할 점

2
세부 내용

어린이들이 열차에 출입할 때 주의할 점으로 알맞은 것은 무엇인가요? (   )

① 열차의 자리를 놓치지 않아야 한다.

② 안전문이 없는 곳에는 가지 않아야 한다.

③ 어른보다 열차에 먼저 타지 않아야 한다.

④ 출입문이 열리자마자 열차에 탈 수 있도록 해야 한다.

⑤ 승강장과 열차 사이의 틈에 발이 끼지 않도록 조심해야 한다.

3
적용

다음 중 이 글의 내용을 잘 실천하고 있는 친구는 누구인가요? (   )

① 열차 출입문에 기대어 서 있는 민재

② 열차 손잡이를 잡지 않고 서 있는 유하

③ 열차 출입문이 완전히 열린 후 열차에 탄 서율

④ 열차가 도착할 것 같아서 안전선을 넘어간 재준

⑤ 열차 출입문이 닫히기 직전에 급하게 뛰어가서 탄 예온

4
어휘
관계

ⓛ~ⓗ 중 ㉠과 뜻이 반대되는 낱말은 무엇인가요? (   )

① ⓛ '사고'   ② ⓒ '도착'

③ ⓔ '무리'   ④ ⓜ '손잡이'

⑤ ⓗ '안전'

5
어휘
적용

㉮에 들어갈 말로 알맞은 낱말에 ◯표 하세요.

출입	출구	출발	출석

어휘 학습

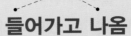
↓ 핵심어

출 出 – 나가다 | 입 入 – 들어가다

출입

들어가고 나옴

어느 곳을 드나듦.

예 이 도서관은 회원증이 있어야 ❶◻◻이 가능해.

답 ❶ (   )

확장

출 出 (나가다)이 들어간 한자어

출발   출 出 – 나가다 | 발 發 – 떠나다

목적지를 향하여 나아감.

예 여행을 위한 짐을 모두 챙기고 ❷◻할 준비를 마쳤다.

☑ **반대되는 말 도착** 목적한 곳에 다다름.

답 ❷ (   )

출구   출 出 – 나가다 | 구 口 – 입구

밖으로 나갈 수 있는 통로.

예 공원으로 가려면 반대쪽 ❸◻로 나가야 한다.

☑ **반대되는 말 입구** 들어가는 통로.

답 ❸ (   )

이해

다음 낱말과 뜻을 알맞게 선으로 이으세요.

1 출구 •

• ㉮ 어느 곳을 드나듦.

2 출발 •

• ㉯ 목적지를 향하여 나아감.

3 출입 •

• ㉰ 밖으로 나갈 수 있는 통로.

적용

밑줄 친 부분과 비슷한 뜻을 가진 낱말을 보기 에서 찾아 쓰세요.

보기

출입　　　출구　　　출발

4 내일 아침 8시에 목적지로 떠나야 합니다.　　　　　　(　　　　)

5 저쪽에 건물 뒤쪽으로 나가는 통로가 있습니다.　　　 (　　　　)

6 이 건물은 항상 들어오고 나가는 사람이 많습니다.　　(　　　　)

심화 7 다음 글에서 파란색으로 쓰인 말과 바꾸어 쓸 수 있는 말을 찾아 기호를 쓰세요.

어제는 ㉠여행을 떠나는 날이었어요. 설레는 마음으로 모든 ㉡준비를 마치고 아침 일찍 출발하였어요. 기차를 타고 역에 도착했을 때, 나가는 곳을 찾기 위해 안내도를 살펴봤어요. 꽤나 멀리 떨어져 있었던 ㉢출구를 겨우 찾아 나가 보니, 제가 생각했던 것과는 매우 다른 ㉣모습이 펼쳐져 있었어요.

(　　　　)

10

핵심어

내과

내 內 - 안
과 科 - 과목

몸 안의 질병에 대한 진단과 예방과 치료를 하는 의학의 한 분과. 또는 병원의 그 부서.

☐☐☐를 따라 내과에 다녀온 날

2000년 7월 20일 날씨: 맑음

오늘은 아침 일찍부터 눈이 떠졌다. 가족과 놀이공원에 가기로 한 날이었기 때문이다. 그런데 **평소**라면 나보다 먼저 일어나서 나를 깨우셨어야 할 아버지께서 보이지 않았다. 무슨 일인가 싶어 아버지께서 계신 안방으로 갔다. 아버지께서는 아직 주무시고 계셨지만 괴로운 표정을 짓고 계셨다. 깜짝 놀라 아버지의 얼굴을 만져보니 불덩이처럼 뜨거웠다. 아버지께서 편찮으신 것이었다. 나는 '왜 하필이면 오늘이야?' 하는 생각이 들었다. 놀이공원에 못 갈 것 같아 속상했기 때문이다.

나는 어머니께 아버지께서 편찮으신 것 같다고 말씀드렸다. 잠에서 깬 아버지께서는 온몸을 부르르 떨며 춥다고 하셨다. 날이 더운데도 아버지께서는 긴팔 **내복**을 꺼내 입으셨다.

나는 아버지를 따라 동네 ☐ ⊙ ☐로 갔다. 병원 **내외**에는 많은 사람들이 진료를 기다리고 있었다. 한참을 기다린 후에 아버지께서 의사 선생님의 **진찰**을 받을 수 있었다. 의사 선생님께서는 아버지가 심한 감기에 걸리셨다고 하셨다.

집에 오는 길에 아버지께서 심한 기침을 하며 힘들어하셨다. 그런 아버지를 보니 놀이공원에 가지 못해 속상하다고 투덜댔던 내가 부끄러웠다. 놀이공원에는 다음에 가면 되니까 아버지께서 빨리 나으셨으면 좋겠다.

5

10

15

20

● **평소** 특별한 일이 없는 보통 때.

● **내복**(안 내 內, 입을 복 服) 겉옷의 안쪽에 몸에 직접 닿게 입는 옷.

● **내외**(안 내 內, 바깥 외 外) 안과 밖을 아울러 이르는 말.

● **진찰** 의사가 여러 가지 방법으로 환자의 병이나 증상을 살핌.

1

제목

빈칸에 알맞은 낱말을 넣어 이 글의 제목을 완성하세요.

● ☐☐☐를 따라 내과에 다녀온 날

2

글의 특징

이 글에 대한 설명으로 알맞은 것은 무엇인가요? (   )

① 내과에 대하여 설명하는 글이다.

② 놀이공원에서 있었던 일을 쓴 글이다.

③ 우리 몸에 대한 책을 읽은 후에 느낀 점을 쓴 글이다.

④ 글쓴이가 놀이공원에 대하여 상상한 내용을 쓴 글이다.

⑤ 아버지가 편찮으신 일에 대한 글쓴이의 생각과 느낌이 잘 드러나는 글이다.

3

추론

이 글을 통해 답을 알 수 있는 질문이 <u>아닌</u> 것은 무엇인가요? (   )

① 아침에 '내'가 속상했던 까닭은 무엇인가요?

② '내'가 아버지를 따라서 간 곳은 어디인가요?

③ 아버지께서 감기에 걸리신 까닭은 무엇인가요?

④ 오늘은 '나'와 아버지 중 누가 아침에 먼저 일어났나요?

⑤ 아버지께서 긴팔 내복을 꺼내 입으신 까닭은 무엇인가요?

4

어휘

적용

㉠에 들어갈 말로 알맞은 것은 무엇인가요? (   )

① 내복   ② 내부

③ 내과   ④ 내장

⑤ 외과

5

어휘

뜻

아래 내용을 뜻하는 낱말에 ○표 하세요.

안과 밖을 아울러 이르는 말.

(예외 , 내외)

어휘 학습

동영상 강의

⊙ 핵심어

내 內 – 안 | 과 科 – 과목

내과

몸 안의 질병을 치료하는 의학의 분과

몸 안의 질병에 대한 진단과 예방과 치료를 하는 의학의 한 분과, 또는 병원의 그 부서.

예 나는 감기에 걸려서 ❶ □ □ 에 가서 진찰을 받았습니다.

답 ❶ (   )

확장

내 內 (안)가 들어간 한자어

내복   내 內 – 안 | 복 服 – 입다

겉옷의 안쪽에 몸에 직접 닿게 입는 옷.

예 지난 겨울은 유난히 추워서 ❷ □ □ 을 껴입고 다녔습니다.

☑ 소리는 같지만 뜻이 다른 말 내복 약 따위를 먹음.

답 ❷ (   )

내외   내 內 – 안 | 외 外 – 바깥

1. 안과 밖을 아울러 이르는 말.

예 우리 반 친구들의 박수 소리가 교실 ❸ □ □ 에 울려 퍼졌습니다.

2. (수량을 나타내는 말 뒤에 쓰여) 약간 덜하거나 넘음.

예 부모님께서는 나와 동생에게 다섯 장 내외로 반성문을 써 오라고 하셨습니다.

답 ❸ (   )

이해 다음 낱말의 뜻을 보기 에서 찾아 기호를 쓰세요.

보기

㉠ 안과 밖을 아울러 이르는 말.

㉡ 겉옷의 안쪽에 몸에 직접 닿게 입는 옷.

㉢ 몸 안의 질병에 대한 진단과 예방과 치료를 하는 의학의 한 분과, 또는 병원의
그 부서.

1 내복 ( )

2 내과 ( )

3 내외 ( )

적용 다음 낱말이 들어갈 문장을 찾아 선으로 이으세요.

4 내복 ·

· ㉮ 나는 배가 아파서 동네 ( )에 가서 진
찰을 받았다.

5 내외 ·

· ㉯ 오늘은 기온이 영하까지 내려간다고 하니까 꼭
( )을/를 입어라.

6 내과 ·

· ㉰ 축구 결승전이 열리는 날이라 관중들이 경기장
( )을/를 가득 메우고 있었다.

심화 **7** 다음 빈칸에 들어갈 알맞은 낱말을 보기 에서 찾아 쓰세요.

보기

내외   내일   내과   내용   내복

매년 봄이 되면 우리 학교에서는 합창 대회가 열려요. 올해도 어김없이 열
린 합창 대회는 두 시간 동안 진행되었어요. 총 여섯 개의 팀이 참가하여 자
신의 노래 솜씨를 뽐냈지요. 합창단의 고운 노랫소리가 공연장 [   ]에 울
려 퍼졌어요.

( )

설명하는 글 / 과학

11

핵심어

감정

감 感 – 느끼다
정 情 – 마음의 작용

어떤 현상이나 일에 대하여 일어나는 마음이나 느끼는 기분.

- **반려동물** 사람이 정서적으로 의지하고자 가까이 두고 기르는 동물. 개, 고양이, 새 따위가 있다.

- **호르몬** 몸속의 특수한 기관에서 만들어져서 나와 어떤 조직이나 기관의 활동을 조절하는 물질.

- **시도**(시험할 시 試, 그림 도 圖) 어떤 것을 이루어 보려고 계획하거나 행동함.

- **비관적**(슬플 비 悲, 볼 관 觀, 과녁 적 的) 앞으로의 일이 잘 안될 것이라고 보는 것.

꿀벌도 감정을 느껴요

친구와 놀면서 즐거운 감정을 느껴본 적 있나요? 아니면 부모님께 혼나고 속상한 감정을 느껴본 적도 있지요? 이처럼 사람은 상황에 따라 다양한 감정을 느껴요. 그렇다면 동물은 어떨까요? 아마 강아지나 고양이와 같은 **반려동물**을 키우는 사람이라면 당연히 동물도 감정을 느낀다고 생각할 거예요. 그럼, 강아지나 고양이가 아닌 꿀벌과 같은 곤충도 ⟦ ㉠ ⟧을 느낄 수 있을까요?   5

최근 한 연구에서 꿀벌이 감정을 느끼는지에 대한 실험을 했다고 해요. 실험에서는 벌통을 흔들어 꿀벌들이 공격받고 있다고 믿게 했어요. 그랬더니 공격받은 벌들에게서 '도파민'과 '세로토닌'이라는 **호르몬**의 양이 더 적게 나타났다고 해요. 이 호르몬들은 감정과 관계있   10
는 호르몬으로, 그 양이 변했다는 것은 꿀벌의 감정이 달라졌음을 뜻해요.

그리고 공격받은 벌들과 공격받지 않은 벌들에게 설탕물과 씁쓸한 물, 그리고 두 가지를 모두 섞은 물을 주고 관찰했어요. 그 결과 공격받은 벌들이 공격받지 않은 벌들에 비해 새로운 물을 맛보려는 **시도**   15
를 적게 했다는 것을 알 수 있었어요. 이것은 공격받은 벌들이 미래에 대해 **비관적**인 감정을 느꼈다는 것을 뜻한다고 해요.

이 연구를 통해 사람들은 꿀벌과 같은 작은 동물도 감정을 느낀다는 사실을 알게 되었어요.

1

설명 대상

이 글에서 설명하는 것은 무엇인지 쓰세요.

• 꿀벌과 같은 곤충도 ⟦ ⟧⟦ ⟧을 느낀다는 것

2

글의 특징

이 글에 대한 설명으로 알맞은 것은 무엇인가요? (   )

① 꿀벌에 대하여 상상한 내용을 쓴 글이다.

② 꿀벌을 직접 자세하게 관찰하고 쓴 글이다.

③ 꿀벌과 관련된 책을 읽은 후에 감상을 쓴 글이다.

④ 꿀벌을 소중하게 다루어야 한다는 것을 주장하는 글이다.

⑤ 꿀벌도 감정을 느낀다는 것을 연구 결과를 통해 설명하는 글이다.

3

세부 내용

꿀벌을 실험한 내용으로 알맞지 <u>않은</u> 것은 무엇인가요? (   )

① 벌통을 흔들어 꿀벌들이 공격받고 있다고 믿게 하였다.

② 공격받은 벌들은 쓸쓸한 물이 아닌 달콤한 물만 맛보려고 하였다.

③ 공격받은 벌들의 호르몬에서 '도파민'과 '세로토닌'의 양이 줄었다.

④ 꿀벌들에게 설탕물과 쓸쓸한 물, 그리고 두 가지를 모두 섞은 물을 주었다.

⑤ 공격받지 않은 벌들은 공격받은 벌들에 비해 새로운 물을 맛보려는 시도를 더 많이 하였다.

4 어휘

관계

다음 낱말들을 모두 포함하는 말은 무엇인가요? (   )

꿀벌	강아지	고양이

① 식물   ② 동물

③ 곤충   ④ 물건

⑤ 과일

5 어휘

적용

㉠에 들어갈 말로 알맞은 것은 무엇인가요? (   )

① 감전   ② 감촉

③ 감정   ④ 예감

⑤ 동감

⬇ 핵심어

감 感 − 느끼다 | 정 情 − 마음의 작용

감정

마음이나 느끼는 기분

어떤 현상이나 일에 대하여 일어나는 마음이나 느끼는 기분.

예 민지는 슬픈 ❶□□을 참지 못하고 결국 눈물을 흘리고 말았다.

☑ **비슷한 말 기분** 마음 속에 생기는 기쁨·슬픔·우울함 등의 감정 상태.

답 ❶ (   )

확장

감 感(느끼다)이 들어간 한자어

감각　감 感 − 느끼다 | 각 覺 − 깨닫다

1. 눈, 코, 귀, 혀, 살갗을 통하여 바깥의 어떤 자극을 알아차림.

예 날씨가 추운데 밖에 오래 서 있었더니 발가락 끝의 ❷□□이 둔해졌다.

2. 사물에서 받는 인상이나 느낌.

답 ❷ (   )

감동　감 感 − 느끼다 | 동 動 − 움직이다

크게 느끼어 마음이 움직임.

예 그 영화는 실제로 일어난 일을 바탕으로 만들어진 가슴이 뭉클하고 ❸□□적인 이야기이다.

☑ **비슷한 말 감명** 감격하여 마음에 깊이 새김. 또는 그 새겨진 느낌.

답 ❸ (   )

이해

다음 낱말과 뜻을 알맞게 선으로 이으세요.

1 감정 •

• ㉮ 크게 느끼어 마음이 움직임.

2 감각 •

• ㉯ 어떤 현상이나 일에 대하여 일어나는 마음이나 느끼는 기분.

3 감동 •

• ㉰ 눈, 코, 귀, 혀, 살갗을 통하여 바깥의 어떤 자극을 알아차림.

적용

빈칸에 들어갈 낱말을 보기 에서 찾아 쓰세요.

보기

감정   감동   감각

4 한참 동안 불편하게 앉아 있었더니 다리에 (   )이 없다.

5 벌써 졸업할 때가 되었다니 시원함과 아쉬움이 섞인 복잡한 (   )이 들었다.

6 그 마라톤 선수가 끝까지 완주하는 모습을 보고 사람들은 깊은 (   )을 받았다.

심화

7 다음 글에서 파란색으로 쓰인 낱말과 바꾸어 쓸 수 있는 낱말을 찾아 기호를 쓰세요.

㉠음식은 우리 몸과 뇌에 큰 영향을 미친다. 연구 결과에 따르면 영양이 부족하면 우울하고 불안한 ㉡감정을 느낄 수 있다고 한다. 반면 좋은 음식을 제대로 먹으면 긍정적인 기분이 들고 우리 몸이 ㉢건강해진다. 따라서 영양이 풍부한 음식을 골고루 먹는 것이 중요하다.

(   )

12

실패를 성공할 기회로 삼은 에디슨

핵심어

성공

성 成 – 이루다
공 功 – 일
목적하는 것을 이룸.

- **부화** 동물의 알 속에서 새끼가 껍데기를 깨고 밖으로 나옴. 또는 그렇게 되게 함.
- **헛간** 문짝이 없고 지붕과 벽만 있는 창고.
- **실험** 과학에서, 이론이나 현상을 관찰하고 측정함.
- **실패**(잃을 失, 패할 패 敗) 일을 잘못하여 뜻한 대로 되지 아니하거나 그르침.
- **인정받게** 확실히 그렇다고 여김을 받게.
- **발명가** 아직까지 없던 기술이나 물건을 새로 생각하여 만들어 내는 일을 전문적으로 하는 사람.
- **본보기** 본을 받을 만한 대상.

발명왕으로 알려진 토머스 에디슨은 어린 시절부터 호기심이 많은 아이였어요. 늘 새로운 것을 배우고, 궁금한 것이 있으면 끈질기게 질문했어요. 학교에서 닭이 알을 낳고 **부화**가 되면 병아리가 된다는 이야기를 듣고, 병아리를 부화시키겠다고 **헛간**에서 달걀을 품기도 했지요.

에디슨은 어렸을 때부터 매일 **실험**을 하며 새로운 발명품을 만들기 위해 노력했어요. 에디슨의 대표적인 발명품 중 하나인 전구는 수많은 실험과 ㉠**실패** 끝에 탄생했어요. 에디슨은 전구를 만들기 위해 수천 가지의 실험을 했고, 실패를 반복하면서도 포기하지 않았어요. 그 결과 전구는 세계에서 가장 위대한 발명품 중 하나로 **인정받게** 되었답니다.

에디슨의 성공은 저절로 이루어진 것이 아니었어요. 그는 회사가 망하거나 많은 발명품이 실패하는 어려움도 겪었어요. 배터리를 만들 때는 2만 5천 번이나 실패하기도 했지요. 하지만 그는 이를 실패한 것이 아니라 건전지가 작동하지 않는 방법을 2만 5천 가지나 안 것이라고 말했어요. 실패를 성공할 기회로 삼은 것이지요.

오늘날 에디슨은 세계에서 가장 유명한 **발명가** 중 한 명으로 기억되고 있어요. 실패와 어려움 속에서도 포기하지 않고 성공한 에디슨의 정신은 많은 사람들에게 ㉡**본보기**가 되고 있답니다.

5

10

15

1 인물

이 글은 누구에 대한 글인지 쓰세요.

2 글의 특징

이 글의 특징으로 알맞은 것은 무엇인가요? (   )

① 발명하는 과정을 설명하는 글이다.

② 에디슨의 발명품을 소개하는 글이다.

③ 발명의 뜻에 대해 자세히 설명하는 글이다.

④ 에디슨에게 있었던 일과 이룬 것에 대하여 쓴 글이다.

⑤ 발명하는 과정에서 생기는 문제점을 해결하자고 주장하는 글이다.

3 내용 이해

이 글의 내용과 <u>다른</u> 것은 무엇인가요? (   )

① 에디슨의 회사가 망하기도 하였다.

② 에디슨은 어린 시절부터 호기심이 많았다.

③ 에디슨은 배터리를 만드는 것을 결국 포기하였다.

④ 에디슨은 발명품이 실패하는 어려움을 많이 겪었다.

⑤ 에디슨이 만든 전구는 수많은 실험 끝에 탄생하였다.

어휘
4
관계

㉠과 뜻이 반대되는 낱말로 알맞은 것을 이 글에서 찾아 쓰세요.

어휘
5
뜻

㉡의 뜻으로 알맞은 것은 무엇인가요? (   )

① 자랑할 만한 물건.

② 본을 받을 만한 대상.

③ 소리를 크게 지르는 것.

④ 옷을 잘 차려입은 사람을 가리키는 말.

⑤ 사람이나 동식물 따위가 자라서 점점 커짐.

⤵ 핵심어

성 成 – 이루다 | 공 功 – 일

성공

목적하는 **일**을 **이룸**

목적하는 것을 이룸.

예 실패는 ❶☐☐의 어머니이다.

☑ **반대되는 말 실패** 일을 잘못하여 뜻한 대로 되지 아니하거나 그르침.

답❶ (   )

확장

성 成 (1. 이루다 2. 크다)이 들어간 한자어

성장　성 成 – 크다 | 장 長 – 길다

1. 사람이나 동식물 따위가 자라서 점점 커짐.

예 서준이는 ❷☐☐ 속도가 빨라서 같은 반 친구들보다 키가 크다.

2. 사물의 규모나 세력 따위가 점점 커짐.

예 우리나라의 경제는 눈부신 성장을 이루었다.

답❷ (   )

완성　완 完 – 완전하다 | 성 成 – 이루다

완전히 다 이룸.

예 이 건물은 10년만에 ❸☐☐되었다.

☑ **반대되는 말 미완성** 아직 덜 됨.

답❸ (   )

이해 보기 에서 글자들을 골라, 뜻에 알맞은 낱말을 만드세요.

> 보기
>
> | 미 | 성 | 공 | 상 |
> |---|---|---|---|
> | 완 | 설 | 치 | 장 |

1 완전히 다 이룸. ( )

2 목적하는 것을 이룸. ( )

3 사람이나 동식물 따위가 자라서 점점 커짐. ( )

적용 빈칸에 들어갈 낱말을 보기 에서 찾아 쓰세요.

> 보기
>
> 성공 완성 성장

4 연우는 동물의 ( ) 과정을 쓴 책을 읽었다.

5 채윤이는 열심히 노력하여 그 도전에 ( )했다.

6 이 그림을 ( )하는 데는 굉장히 오랜 시간이 걸렸다고 한다.

심화 **7** 다음 빈칸에 들어갈 알맞은 낱말을 찾아 기호를 쓰세요.

> 나무는 주변 환경에 따라 ㉠성장하는 모습이 달라요. 나무가 많고 울창한 숲에서 자라는 나무는 위로 자라고, 나무가 적어서 듬성듬성한 숲에서 자라는 나무는 ㉡가지를 넓게 뻗으며 자라요. 나무가 ㉢햇빛을 조금이라도 더 받을 수 있도록 모습을 바꾸는 것이지요. 나무가 [ ]하기 위해서는 햇빛이 꼭 필요하기 때문이에요.

( )

심성 착한 흥부와 심술궂은 놀부

옛날 어느 마을에 흥부와 놀부 형제가 살았어요. 부모님이 돌아가시자, 심술궂은 놀부는 ⟨ ㉮ ⟩이 착한 흥부를 돈 한 푼 안 주고 쫓아냈어요. 쫓겨난 흥부는 처자식들과 함께 몹시 가난하게 살게 되었지요.

어느 봄날에 흥부는 제비가 구렁이에게 공격당하는 것을 보고 구렁이를 쫓아냈어요. 그때 새끼 제비 한 마리가 둥지에서 떨어져 다리가 부러졌지요. 흥부는 다리가 부러진 제비를 정성껏 치료해 주었어요. ㉠이듬해 봄, 흥부가 치료해 주었던 제비가 박씨를 물어다 주었어요. 흥부가 그 박씨를 심자 놀랄 정도로 ㉡거대한 **박**이 열렸지요. 흥부 가족은 먹을 것이 없어 박이라도 먹으려고 박을 ㉢**탔어요**. 그러자 박 속에서 온갖 곡식과 보물이 나왔고, 한 **무리**의 사람들이 나와 커다란 기와집까지 지어 주었어요.

흥부가 순식간에 부자가 되었다는 소식을 듣고 더 큰 부자가 되고 싶었던 놀부는 자기 집 **처마**에 둥지를 튼 제비의 다리를 ㉣일부러 부러뜨리고 다시 고쳐 주었어요. 이듬해 봄이 되자 다리가 부러졌던 제비가 박씨를 가져왔고, 놀부는 그것을 심었어요. 놀부네 집에도 박이 커다랗게 자랐고, 놀부는 그 박을 탔어요. 그러자 박 속에서 도깨비와 도둑 떼가 나와 놀부의 재산을 모두 **빼앗아** 갔어요. 이 소식을 들은 착한 흥부가 **빈털터리**가 된 놀부를 도와주었고, 놀부는 자기의 잘못을 ㉤뉘우치고 흥부와 사이좋게 살았답니다.

5

10

15

20

- **이듬해** 바로 다음의 해.
- **박** 여름에 흰 꽃이 피는 덩굴에 열리며, 익으면 절반으로 갈라서 그릇을 만드는 등 그런 큰 열매.
- **탔어요** (톱으로 무엇을) 두 쪽으로 갈랐어요.
- **무리** 사람이나 짐승, 사물 따위가 모여서 뭉친 한 동아리.
- **처마** 벽의 바깥쪽으로 내민 지붕의 부분.
- **빈털터리** 재산을 다 없애고 아무것도 가진 것이 없는 가난뱅이가 된 사람.

1

인물

이 글에서 중심이 되는 인물은 누구누구인지 쓰세요.

· ☐☐☐ 와 ☐☐

2

글의 특징

이 글에 대한 설명으로 알맞은 것을 두 가지 고르세요. (,   )

① 실제로 일어난 일을 쓴 글이다.

② 옛날부터 전해 내려오는 이야기이다.

③ 이야기를 읽고 느낀 점이 잘 드러나 있다.

④ 박씨를 심는 방법에 대해 설명하는 글이다.

⑤ 착한 사람은 복을 받고 나쁜 사람은 벌을 받는 내용이다.

3

세부 내용

흥부와 놀부가 심은 박에서 나온 것을 찾아 각각 기호를 쓰세요.

㉮ 보물	㉯ 온갖 곡식
㉰ 도깨비와 도둑 떼	㉱ 한 무리의 사람들

(1) 흥부가 심은 박   (   )

(2) 놀부가 심은 박   (   )

4

적용

㉮에 들어갈 말로 알맞은 것은 무엇인가요? (   )

① 심술   ② 심심

③ 심성   ④ 심난

⑤ 심부름

5

뜻

㉠~㉤을 바꾼 말로 알맞지 <u>않은</u> 것은 무엇인가요? (   )

① ㉠: 다음 해   ② ㉡: 아주 큰

③ ㉢: 갈랐어요   ④ ㉣: 뜻하지 않게

⑤ ㉤: 반성하고

어휘
학습

동영상 강의

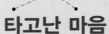 핵심어

심 心 – 마음 | 성 性 – 성품

심성

타고난 마음

타고난 마음씨.

예 사람은 누구나 착한 ❶◻◻을 가지고 태어난다.

답 ❶ (   )

확장

심 心 (마음)이 들어간 한자어

심술 심 心 – 마음 | 술 術 – 꾀

1. 남을 골리기 좋아하거나 남이 잘못되는 것을 좋아하는 마음보.

예 친구가 상을 받자 괜히 ❷◻◻이 났다.

2. 온당하지 아니하게 고집을 부리는 마음.

예 내가 원하던 장난감을 선물로 받지 못해 심술이 났다.

답 ❷ (   )

진심 진 眞 – 참 | 심 心 – 마음

거짓이 없는 참된 마음.

예 편지를 읽고 나니 친구의 ❸◻◻이 전해졌다.
예 나는 졸업하는 언니를 진심으로 축하해 주었다.

답 ❸ (   )

이해 다음 낱말의 뜻을 보기 에서 찾아 기호를 쓰세요.

> 보기
> ㉠ 타고난 마음씨.
> ㉡ 거짓이 없는 참된 마음.
> ㉢ 남을 골리기 좋아하거나 남이 잘못되는 것을 좋아하는 마음보.

1 진심 ( )

2 심술 ( )

3 심성 ( )

적용 다음 낱말이 들어갈 문장을 찾아 선으로 이으세요.

4 진심 ·

5 심술 ·

6 심성 ·

· ㉮ 팥쥐는 ( )궂게 콩쥐를 괴롭혔다.

· ㉯ 지우는 ( )이 착해서 친구들을 잘 도와줘.

· ㉰ 네 ( )은 그런 게 아니었는데 오해해서 미안해.

심화 **7** 다음 글에서 빈칸에 들어갈 알맞은 낱말을 찾아 기호를 쓰세요.

> 신데렐라는 어려서 ㉠부모님을 잃고 새엄마와 새 언니들과 살았습니다. 신데렐라는 ㉡심성이 곱고 착했지만, 새 언니들은 심술궂고 [ ]이 나빴습니다. 새언니들은 신데렐라를 구박했고, 신데렐라는 늘 힘든 일을 도맡아 했습니다. 그러던 어느 날, 왕자의 신붓감을 구하기 위한 무도회가 열린다는 ㉢소식이 들렸습니다.

( )

14

계획

계 計 – 꾀하다
획 劃 – 계획하다

앞으로 할 일의 순서나 방법을 미리 헤아려 결정함. 또는 그 내용.

- **활용**(살 활 活, 쓸 용 用) 충분히 잘 이용함.
- **계산**(꾀할 계 計, 계산 산 算) 수를 헤아림.
- **소비** 돈·물품·시간·힘 등을 써서 없애는 것.
- **반성**(돌이킬 반 反, 살필 성 省) 자기 말이나 행동에 잘못이 없는가를 곰곰이 생각하는 것.
- **현명**(어질 현 賢, 밝을 명 明) 판단력이 좋고 세상 이치에 밝음.

☐☐☐☐을 계획적으로 사용해요

우리는 부모님께 정해진 날짜에 용돈을 받기도 하고, 가끔 친척이나 가까운 어른께 용돈을 받기도 해요. 용돈은 우리가 자유롭게 사용할 수 있는 돈이에요. 하지만 그렇다고 마구 쓰다 보면 가지고 싶은 것이나 먹고 싶은 것이 생겼을 때 쓸 용돈이 없을 수도 있어요. 이러한 일이 생기지 않도록 하려면 용돈을 어떻게 사용하는 것이 좋을까요? 5

용돈은 계획적으로 사용하는 것이 좋아요. 계획적으로 용돈을 사용하기 위해서는 '용돈 기입장'을 **활용**할 수 있어요. 용돈 기입장에는 쓴 돈과 쓰고 남은 돈, 그리고 앞으로 쓸 돈을 **계산**하여 적으면 돼요. 용돈 기입장을 쓰지 않으면 언제, 어디에, 얼마의 돈을 사용했는지 10 알 수 없어요. 하지만 용돈 기입장을 쓰면 자신이 어디에 돈을 사용했는지를 알 수 있기 때문에 스스로의 **소비**를 **반성**할 수 있어요. 계획적으로 꼭 필요한 곳에만 용돈을 사용하다 보면 남는 돈도 생기게 될 거예요. 그런 경우에는 부모님께 도움을 받아 자기 이름으로 된 통장을 만들어서 저금할 수도 있어요. 15

이렇게 용돈을 계획적으로 사용하면 쓸데없는 곳에 돈을 쓰지 않을 수 있고, 돈이 필요할 때에 잘 사용할 수 있어요. 용돈 기입장을 활용하여 용돈을 **현명**하게 사용해 보세요.

1

제목

제목의 빈칸에 들어갈 알맞은 낱말에 ○표 하세요.

| 통장 | 용돈 | 학용품 |

2 의도

글쓴이가 이 글을 쓴 까닭은 무엇인가요? (　　　)

① 통장을 만드는 과정을 알려 주려고
② 용돈 기입장을 구입하는 방법을 알려 주려고
③ 용돈을 계획적으로 사용하는 방법을 알려 주려고
④ 부모님께 용돈을 더 많이 받는 방법을 알려 주려고
⑤ 사고 싶은 물건을 모두 살 수 있는 방법을 알려 주려고

3 세부 내용

용돈 기입장을 쓰면 좋은 점에 대한 설명으로 알맞지 <u>않은</u> 것은 무엇인가요? (　　　)

① 용돈을 더 많이 받을 수 있다.
② 스스로의 소비를 반성할 수 있다.
③ 쓸데없는 곳에 돈을 쓰지 않을 수 있다.
④ 사용하고 남은 돈이 생기면 저금할 수 있다.
⑤ 언제, 어디에, 얼마의 돈을 사용했는지 알 수 있다.

4 어휘 뜻

아래 내용을 뜻하는 낱말을 본문에서 찾아 쓰세요.

수를 헤아림.

5 어휘 적용

다음 빈칸에 들어갈 낱말로 알맞은 것에 ○표 하세요.

　나는 매달 부모님께 용돈을 받아. 용돈을 받으면 용돈 기입장에 날짜와 돈을 어디에 어떻게 썼는지를 자세히 적어. 매달 마지막 날이 되면 용돈이 얼마나 남았는지 확인하고, 남은 돈은 은행에 저금하면서 용돈을 ☐☐적으로 사용해.

(소비 , 계획)

계 **計** – 꾀하다 | 획 **劃** – 계획하다

계획

미리 **헤아려 정하는** 것

앞으로 할 일의 순서나 방법을 미리 헤아려 결정함. 또는 그 내용.

예 방학을 알차게 보내려면 ❶□□을 잘 세워야 한다.

답 ❶ (   )

확장

계 **計** (1. 꾀하다 2. 세다)가 들어간 한자어

계산 계 **計** – 세다 | 산 **算** – 계산

1. 수를 헤아림.

예 그동안 갖고 싶었던 물건을 사려고 가진 돈을 ❷□□해 보았다.

2. 어떤 일을 예상하거나 고려함.

예 차를 타고 이동하는 시간을 계산하여 소풍 장소를 정했다.

답 ❷ (   )

시계 시 **時** – 때 | 계 **計** – 세다

시간을 재거나 시각을 나타내는 기계나 장치를 통틀어 이르는 말.

예 배가 고파서 ❸□□를 보니 벌써 열두 시였다.

답 ❸ (   )

이해 다음 낱말과 뜻을 알맞게 선으로 이으세요.

1 계획 · · ㉮ 수를 헤아림.

2 계산 · · ㉯ 시간을 재거나 시각을 나타내는 기계나 장치를 통틀어 이르는 말.

3 시계 · · ㉰ 앞으로 할 일의 순서나 방법을 미리 헤아려 결정함. 또는 그 내용.

적용 다음 빈칸에 들어갈 낱말을 보기 에서 찾아 쓰세요.

보기

시계	계산	계획

4 ( )이/가 고장 났는지 어제부터 시곗바늘이 멈춰 있다.

5 오늘 비가 와서 운동회를 하기로 한 ( )이/가 취소되었다.

6 수학 시험 문제는 쉽게 나왔는데 ( )을/를 실수해서 틀렸다.

심화 **7** 다음 글에서 빈칸에 들어갈 알맞은 낱말을 찾아 기호를 쓰세요.

㉠방학 계획표를 잘 짜려면, 우선 지난 방학을 되돌아보아야 합니다. 무리한 ㉡계획으로 힘들어 했거나 다른 일정과 겹치지는 않았는지를 확인해야 합니다. 그 다음에는 목표를 정해야 합니다. 방학 중에 꼭 하고 싶은 목표를 정해야 ㉢실천 가능한 [   ]을 세울 수 있습니다.

( )

주장하는 글 | 과학

15

핵심어

습관

습 習 – 습관
관 慣 – 버릇

어떤 행동을 오랫동안 되풀이하는 동안에 저절로 굳어진 버릇.

에너지를 절약하는 □□□ 을 들이자

에너지는 우리 생활에서 매우 중요해요. 불을 켤 수 있게 해 주고, 날씨와 관계없이 따뜻하거나 시원하게 지낼 수 있도록 해 주기 때문이에요. 하지만 에너지를 얻을 수 있는 **자원**이 끝없이 있는 것은 아니에요. 석탄이나 석유 같은 에너지 자원은 다 쓰고 나면 더는 구할 수 없어요. 그러므로 우리는 평소에 에너지를 ㉠**절약**하는 ㉡습관을 들여야 해요. 그렇다면 어떤 습관으로 에너지를 절약할 수 있을까요? 5

첫째, 전기를 절약하는 습관을 들여야 해요. 빈방에 켜 놓은 전등은 끄고, 사용하지 않는 가전제품의 **플러그**는 뽑아 두어요. 창문을 열어 두고 에어컨을 켜거나, 반팔 옷을 입고 난방 **기구**를 켜지 않도록 해요. 또, 세탁기를 돌릴 때에는 빨랫감을 모아서 한꺼번에 돌리는 10
것이 좋아요.

둘째, 물을 절약하는 습관을 들여야 해요. 세수할 때는 세면대에 물을 받아 놓고 씻어요. 양치를 할 때는 수돗물을 잠그고, 양치 컵에 물을 담아 입을 헹구도록 해요. 너무 오랫동안 샤워하지 않도록 하고, 물장난도 하지 않아야 해요. 또, 설거지를 할 때 설거지통에 물을 15
받아 놓고 사용하면 많은 양의 물을 절약할 수 있어요.

에너지를 절약하는 습관을 들이면 자원을 아끼고 환경도 보호할 수 있어요. 우리의 작은 노력을 모아 큰 변화를 만들어 보도록 해요.

- **에너지** 기계 등을 움직이게 하는 힘.
- **자원** 사람의 생활과 생산에 필요한 물질·재료·노동력·기술 등.
- **절약** 함부로 쓰지 아니하고 꼭 필요한 데에만 써서 아낌.
- **플러그** 전기가 통하는 곳에 꽂고 뺄 수 있게 전선의 끝에 달린 장치.
- **기구** 간단하게 다룰 수 있는 기계나 도구.

1
제목

빈칸에 알맞은 낱말을 넣어 이 글의 제목을 완성하세요.

- 에너지를 절약하는 □□ 을 들이자

2 이 글에서 글쓴이가 주장하는 내용은 무엇인가요? (　　　)

주제

① 돈을 아껴 써야 한다.
② 냉방을 하면 안 된다.
③ 몸을 깨끗하게 씻어야 한다.
④ 빨래를 자주 세탁해야 한다.
⑤ 에너지를 절약하는 습관을 들여야 한다.

3 에너지를 절약하는 습관에 대한 설명으로 알맞지 <u>않은</u> 것은 무엇인가요? (　　　)

세부 내용

① 양치 컵을 사용한다.
② 빈방에 켜 놓은 전등은 끈다.
③ 가전제품의 플러그는 항상 꽂아 둔다.
④ 창문을 열어 두고 에어컨을 켜지 않는다.
⑤ 너무 오랫동안 샤워하거나 물장난을 하지 않는다.

4 ⑦의 뜻으로 알맞은 것에 ○표 하세요.

어휘
뜻

⑴ 시간이나 재물 따위를 헛되이 헤프게 씀. (　　　)
⑵ 함부로 쓰지 아니하고 꼭 필요한 데에만 써서 아낌. (　　　)

5 다음 빈칸에 ⓒ을 넣었을 때 어울리지 <u>않는</u> 것은 무엇인가요? (　　　)

어휘
적용

① 일찍 자는 ☐☐☐을 들이자.
② 나쁜 ☐☐☐은 빨리 고쳐야 한다.
③ 그는 코를 만지는 ☐☐☐이 있다.
④ 그는 평생을 ☐☐☐하여 큰돈을 모았다.
⑤ 나는 평소 ☐☐☐대로 약속 장소에 일찍 도착했다.

↓ 핵심어

습 習 – 습관 | 관 慣 – 버릇

습관

되풀이하여 굳어진 **버릇**

어떤 행동을 오랫동안 되풀이하는 동안에 저절로 굳어진 버릇.

예 일찍 일어나는 ❶☐☐을 가집시다.

답 ❶ (   )

확장

습 習 (1. 익히다 2. 습관)이 들어간 한자어

습득   습 習 – 익히다 | 득 得 – 얻다

학문이나 기술 따위를 배워서 자기 것으로 함.

예 어린이는 언어 ❷☐☐ 능력이 뛰어나다.

☑ **소리는 같지만 뜻이 다른 말 습득** 주워서 얻음.

답 ❷ (   )

관습   관 慣 – 버릇 | 습 習 – 습관

한 사회에서 오랜 시간에 걸쳐 굳어져서 지켜지는 규범이나 생활 방식.

예 나라마다 전통과 ❸☐☐이 다르다.

☑ **비슷한 말 풍속** 옛날부터 그 사회에 전해 오는 생활 전반에 걸친 습관 따위를 이르는 말.

답 ❸ (   )

이해

다음 뜻에 해당하는 낱말을 보기 에서 찾아 쓰세요.

> 보기
>
> | 관습 | 습관 | 습득 |

1 학문이나 기술 따위를 배워서 자기 것으로 함. ( )

2 어떤 행동을 오랫동안 되풀이하는 동안에 저절로 굳어진 버릇. ( )

3 한 사회에서 오랜 시간에 걸쳐 굳어져서 지켜지는 규범이나 생활 방식.

( )

적용

다음 낱말이 들어갈 문장을 찾아 알맞게 선으로 이으세요.

4 습관 ·

· ㉮ 영어 ( )을 위해 학원에 다니기 시작했다.

5 관습 ·

· ㉯ 그는 전기를 절약하는 ( )이 몸에 배어 있다.

6 습득 ·

· ㉰ 명절 때 차례를 지내는 일은 우리나라의 오랜 ( )이다.

심화

7 다음 글에서 빈칸에 들어갈 알맞은 낱말은 무엇인가요? ( )

> 어린 시절부터 피아니스트가 되는 것이 꿈인 한 소녀가 있었어요. 그녀는 한 곡을 완벽하게 연주하기 위해서 매일 악보를 가지고 다니며 열심히 연습했어요. 시간이 흘러 마침내 소녀는 자신이 꿈꾸던 피아니스트가 되었어요. 꾸준히 연습하는 [ ] 덕분에 꿈을 이루게 된 거예요.

① 시작 ② 습관 ③ 실패 ④ 관습 ⑤ 예절

다문화 사회란 무엇일까요?

핵심어

다문화

다 多 – 많다
문 文 – 현상
화 化 – 되다

여러 인종이나 민족이 어우러져 다양한 언어와 풍습, 생활 양식이 나타나는 문화.

다문화 사회는 '한 사회 안에서 다른 인종, 민족 등이 지닌 다양한 문화가 함께 있는 사회'를 뜻합니다. 세계화로 인해 나라 간 사람들의 이동이 늘어나면서 우리나라도 다문화 사회가 되어가고 있습니다. 우리나라에 머무는 외국인의 수는 계속해서 많아지고 있고, 전체 **인구**에서 외국인이 차지하는 **비율**도 점점 늘어나고 있습니다.   5

㉠우리나라에 사는 외국인 중에는 일자리를 찾아 우리나라로 들어온 경우가 가장 많습니다. 이러한 외국인 **근로자** 외에는 결혼을 통해 우리나라에 들어온 국제결혼 **이주자**나 외국인 유학생 등도 있습니다.

다문화 사회가 되면서 여러 가지 좋은 점들이 생겼습니다. 외국인 근로자들이 들어오면서 농촌이나 어촌, 공장 등에서 일할 사람이 부   10
족한 문제를 해결하는 데에 도움이 되었습니다. 국제결혼 이주자는 농촌과 어촌의 지역 사회에 힘찬 기운을 불어넣기도 했습니다. 또 다양한 문화가 섞이게 되면서 더욱 풍요롭고 창의적인 문화가 만들어졌습니다.

그러나 문제점도 생겼습니다. 대표적인 것은 외국인 근로자에 대한   15
차별로, 한국인보다 적은 돈을 주거나 제때 돈을 주지 않는 문제입니다. 또, 한국어 습득이 느린 다문화 가정의 아이들이 학교에서 친구를 사귀는 것에 어려움을 겪거나 ㉡학습에 뒤처지는 문제도 발생하고 있습니다.

- **인구** 일정한 지역에 사는 사람의 수.
- **비율** 둘 이상의 수를 비교할 때 그중 한 수를 기준으로 하여 일정하게 늘이거나 줄여서 나타낸 다른 수.
- **근로자** 근로에 의한 소득으로 생활을 하는 사람.
- **이주자** 다른 곳으로 옮겨 가서 사는 사람. 또는 다른 곳에서 옮겨 와서 사는 사람.

---

1 이 글에서 설명하는 것은 무엇인지 ○표 하세요.

설명 대상

(1) 외국에서 일자리를 구하는 방법   (   )

(2) 다문화 사회의 좋은 점과 문제점   (   )

2

내용 이해

이 글의 내용과 <u>다른</u> 것은 무엇인가요? (   )

① 다문화 사회는 좋은 점이 있지만 문제점도 있다.

② 세계화로 인해 나라 간 사람들의 이동이 늘어나고 있다.

③ 다양한 문화가 섞이면서 더욱 풍요롭고 창의적인 문화가 만들어졌다.

④ 우리나라 전체 인구에서 외국인이 차지하는 비율은 점점 줄어들고 있다.

⑤ 우리나라에 사는 외국인 중에는 일자리를 찾아 들어온 경우가 가장 많다.

3

적용

㉠에 해당하는 경우를 모두 찾아 ◯표 하세요.

(1) 베트남에서 한국으로 일하러 온 코이   (   )

(2) 프랑스에서 한국으로 한 달간 여행 온 레나   (   )

(3) 미국으로 유학 가서 방학 때만 한국에 오는 지민   (   )

(4) 한국 사람과 결혼하면서 영국에서 한국으로 이사를 온 롤란드   (   )

아래 내용을 뜻하는 말을 본문에서 찾아 쓰세요.

> 한 사회 안에서 다른 인종, 민족 등이 지닌 다양한 문화가 함께 있는 사회.

• ☐ ☐ ☐ 사회

㉡과 바꾸어 쓸 수 있는 말은 무엇인가요? (   )

① 연습   ② 노력

③ 공부   ④ 상장

⑤ 학교

⊙ 핵심어

다 多 - 많다 | 문 文 - 현상 | 화 化 - 되다

다문화

다양한 문화가 되는 것

여러 인종이나 민족이 어우러져 다양한 언어와 풍습, 생활 양식이 나타나는 문화.

예 우리 집은 아빠는 영국 사람이고 엄마는 한국 사람인 ❶☐☐☐ 가정입니다.

답❶ (   )

확장

다 多 (많다)가 들어간 한자어

다양 다 多 - 많다 | 양 樣 - 모양

여러 가지 모양이나 양식.

예 그 가게에서는 ❷☐☐한 상품을 판매한다.
예 우리 집 앞 공원에는 계절에 따라 다양한 꽃이 핀다.

답❷ (   )

다정 다 多 - 많다 | 정 情 - 인정

정이 많음. 또는 사귀어서 든 정이 두터움.

예 나는 ❸☐☐하게 인사하는 유진이에게 손을 흔들었다.
☑ 반대되는 말 비정 사람으로서의 따뜻한 정이나 인간미가 없음.

답❸ (   )

이해 다음 낱말과 뜻을 알맞게 선으로 이으세요.

1 다정 •

• ㉮ 여러 가지 모양이나 양식.

2 다양 •

• ㉯ 정이 많음. 또는 사귀어서 든 정이 두터움.

3 다문화 •

• ㉰ 여러 인종이나 민족이 어우러져 다양한 언어와 풍습, 생활 양식이 나타나는 문화.

적용 빈칸에 들어갈 낱말을 보기 에서 찾아 쓰세요.

보기

| 다양 | 다정 | 다문화 |

4 재유는 늘 나에게 (   )하게 말을 건넨다.

5 수족관에 가면 크기와 색깔이 (   )한 물고기들을 볼 수 있다.

6 선생님께서는 방과 후에 (   ) 가정의 아이들에게 한국어를 가르쳐 주신다.

심화 **7** 다음 글에서 빈칸에 공통으로 들어갈 알맞은 낱말은 무엇인가요? (   )

책을 읽다 보면 한 가지 종류의 책만 읽게 되는 경우가 있다. 좋아하는 종류의 책만 읽는 것을 '독서 편식'이라고 한다. 밥을 먹을 때 고기와 채소 등의 반찬을 [   ]하게 먹어야 하는 것처럼, 책도 [   ]한 종류의 책을 골고루 읽어야 생각의 폭이 넓어지고 지식도 풍부해진다.

① 다정   ② 다양   ③ 단순   ④ 이상   ⑤ 중요

장수 마을의 [   ]를 늦추는 식습관

핵심어

노화

노 老 – 늙다
화 化 – 되다
나이가 많아지면서 육체
적·정신적 기능이 약해지
는 것.

사람은 누구나 나이를 먹어요. 나이가 들면 몸이 약해지기도 하고 병에 걸리기도 하는데, 이러한 것을 '노화'라고 하지요. 하지만 나이가 많아도 건강하게 **장수**하는 사람이 많은 곳이 있어요. 100세 **이상** 오래 사는 사람이 많은 마을로, '장수 마을'이라고 불러요. 이곳에 사는 사람들에게는 음식을 먹는 특별한 습관이 있는데, 이것이 노화를 늦춘다고 알려져 있어요. 　5

장수 마을 사람들은 고기를 한 달에 5회 이상 먹지 않아요. 또 한 주에 달걀을 3개 이상 먹지 않는다고 해요. 생선도 한 주에 1~2회만 먹고요. 과자나 케이크 등 설탕이 들어간 간식도 적게 먹어요. 햄이나 소시지 등의 **가공식품**은 먹지 않아요. 　10

대신 장수 마을 사람들은 콩이나 통곡물, 견과류, 채소, 과일 등을 많이 먹어요. 이러한 음식들을 먹기 위해 집에 텃밭을 만들어 채소나 과일 등을 직접 길러 먹는 경우도 많다고 해요. 또, 매일 약 일곱 잔 정도 ⓐ충분한 양의 물을 마신다고 해요. 커피와 차도 즐겨 마시지만 그 이외의 음료는 되도록 마시지 않아요. 특히 설탕이 많이 들어간 탄산음료는 마시지 않는다고 해요. 　15

장수 마을에는 노화로 인한 심장병, 암, 당뇨병, 비만과 같은 병에 걸리지 않고 건강하게 오래 사는 사람이 많아요. 장수 마을 사람들을 통해 좋은 **식습관**이 건강에 얼마나 많은 도움이 되는지를 알 수 있어요. 　20

- **장수** 오래도록 삶.
- **이상**(써 이 以, 위 상 上) 수량이나 정도가 일정한 기준보다 더 많거나 나음.
- **가공식품** 농산물, 축산물, 수산물 따위를 인공적으로 처리하여 만든 식품.
- **식습관**(먹을 식 食, 익힐 습 習, 버릇 관 慣) 음식을 취하거나 먹는 과정에서 저절로 익혀진 행동 방식.

---

(1) 빈칸에 알맞은 낱말을 넣어 이 글의 제목을 완성하세요.

제목

• 장수 마을의 [ ][ ]를 늦추는 식습관

2 장수 마을 사람들의 식습관에 대한 설명으로 알맞지 <u>않은</u> 것은 무엇인가요? (   )

세부 내용

① 고기를 많이 먹지 않는다.

② 매일 충분한 양의 물을 마신다.

③ 과자나 케이크 등을 적게 먹는다.

④ 설탕이 많이 들어간 탄산음료를 즐겨 마신다.

⑤ 콩이나 통곡물, 견과류, 채소, 과일을 많이 먹는다.

3 이 글에 대한 생각을 알맞게 말한 것의 기호를 쓰세요.

적용

> ㉮ 로희: 장수 마을 사람들처럼 뭐든지 많이 먹어야겠어.
>
> ㉯ 명준: 장수 마을 사람들처럼 열심히 운동을 하는 것이 좋겠어.
>
> ㉰ 세린: 장수 마을 사람들은 노화를 늦추는 식습관 덕분에 병에 걸리지 않고 건강하게 오래 살 수 있는 것 같아.

(   )

어휘

4 이 글에 쓰인 낱말의 뜻풀이가 바르지 <u>않은</u> 것은 무엇인가요? (   )

뜻

① 장수: 오래도록 삶.

② 노화: 느리고 둔해짐.

③ 노인: 나이가 들어 늙은 사람.

④ 건강: 정신적으로나 육체적으로 아무 탈이 없고 튼튼함.

⑤ 식습관: 음식을 취하거나 먹는 과정에서 저절로 익혀진 행동 방식.

어휘

5 ㉠과 뜻이 반대되는 낱말로 알맞은 것은 무엇인가요? (   )

관계

① 약한   ② 어려운

③ 낮은   ④ 부족한

⑤ 좁은

동영상 강의

노 老 – 늙다 | 화 化 – 되다

노화

나이가 많아 약하게 되는 것

나이가 많아지면서 육체적·정신적 기능이 약해지는 것.

예 흰머리가 생기고 피부에 주름이 생기는 것은 자연스러운 ❶☐☐ 현상이다.

답❶ (   )

확장

노 老 (1. 늙다 2. 익숙하다)가 들어간 한자어

노인 노 老 – 늙다 | 인 人 – 사람

나이가 들어 늙은 사람.

예 젊은 사람들이 도시로 계속 빠져나가서 농촌에는 ❷☐☐들만 남았다.

☑ 비슷한 말 늙은이 나이가 많아 중년이 지난 사람.

답❷ (   )

노련 노 老 – 익숙하다 | 련 鍊 – 익숙하다

어떤 일에 경험이 많아 익숙함.

예 오랜 경력을 쌓은 선수는 ❸☐☐하게 위기를 넘기며 팀을 승리로 이끌었다.

☑ 반대되는 말 미숙 일 따위에 익숙하지 못하여 서투름.

답❸ (   )

이해 다음 낱말과 뜻을 알맞게 선으로 이으세요.

1 노인 • • ㉮ 나이가 들어 늙은 사람.

2 노화 • • ㉯ 어떤 일에 경험이 많아 익숙함.

3 노련 • • ㉰ 나이가 많아지면서 육체적·정신적 기능이 약해지는 것.

적용 밑줄 친 부분과 비슷한 뜻을 가진 낱말을 보기 에서 찾아 쓰세요.

보기
| 노련 | 노인 | 노화 |

4 우리는 누구나 언젠가는 <u>늙은 사람</u>이 된다. ( )

5 아저씨는 <u>익숙한</u> 솜씨로 재빠르게 손목시계를 고쳐 주셨다. ( )

6 노인이 되면 <u>나이가 들어 몸이 약해지는 현상</u> 때문에 병이 생길 수 있다.
( )

심화 7 다음 글에서 빈칸에 들어갈 알맞은 낱말을 찾아 기호를 쓰세요.

우리나라는 매년 새로 태어나는 아이들이 줄어들고, ㉠<u>노인</u> 인구가 차지하는 ㉡<u>비율</u>이 점점 늘어나고 있어요. 이렇게 □□□ 인구가 늘어나는 것을 '고령화'라고 하는데, 우리나라는 ㉢<u>전 세계</u>에서 고령화 속도가 가장 빠른 나라라고 해요.

( )

18

무명

무 無 – 없다
명 名 – 이름
이름이 널리 알려져 있지
않음.

무명 화가였던 빈센트 반 고흐

'빈센트 반 고흐'는 세계에서 가장 유명한 화가 중 한 명이에요. 하지만 고흐가 살아 있을 때는 아무도 그의 그림에 관심을 보이지 않았다고 해요. 그는 평생 단 한 점의 그림만을 팔았을 정도로 ㉠무명 화가였어요.

고흐가 처음부터 화가였던 것은 아니었어요. 고흐는 가난해서 열다섯 살에 학교를 그만둔 후 미술품을 파는 가게에서 일했어요. 그러다 목사가 되려고 했지요. 하지만 고흐는 **신학** 대학에서 떨어졌고, 갑자기 흥분하는 성격 때문에 교회에서도 그를 받아 주지 않았어요. 고흐는 결국 목사가 되는 것을 포기하고 화가가 되기로 결심했지요.

고흐의 동생 테오는 고흐가 화가가 될 수 있도록 많은 도움을 주었어요. 테오는 고흐와 수많은 편지를 주고받으며 그를 **격려**해 주기도 했답니다. 고흐는 삶의 마지막 십 년 동안 많은 작품을 그려 냈어요. 그렇지만 고흐의 작품을 알아주는 사람은 없었어요. 안타깝게도 함께 작품 활동을 하며 지내던 친구 고갱마저 크게 다툰 후 고흐 곁을 떠났지요. 그 후 고흐는 정신 병원에 입원하여 힘든 시간을 보내다 삶을 마감했어요.

고흐의 작품이 사람들에게 **인정받은** 것은 그로부터 십여 년이 지난 후였어요. 고흐의 그림 중 「해바라기」와 「별이 빛나는 밤」 등은 뛰어난 ㉡ ⬚⬚⬚ 으로 **평가**되며 많은 사람의 사랑을 받고 있답니다.

5

10

15

• **신학** 신이 인간과 세계에 대하여 맺고 있는 관계와 신을 연구하는 학문.

• **격려** 용기나 의욕이 솟아나도록 북돋워 줌.

• **인정받은** 확실히 그렇다고 여김을 받은.

• **평가** 가치나 수준을 자세히 따져서 정하는 것.

---

1 이 글은 누구에 대한 글인지 쓰세요.

인물

• 빈센트 반 ⬚⬚

2

글의 특징

이 글의 특징으로 알맞은 것은 무엇인가요? (   )

① 고흐의 삶에 대하여 쓴 글이다.

② 고흐를 직접 만나고 쓴 글이다.

③ 고흐의 작품에 대하여 자세히 설명한 글이다.

④ 고흐에 대하여 상상한 내용을 꾸며 쓴 글이다.

⑤ 고흐와 관련된 책을 읽고 느낀 점을 쓴 글이다.

3

내용 이해

이 글의 내용으로 알맞은 것의 기호를 모두 쓰세요.

> ㉮ 고흐는 친구였던 고갱과 다투고 화해했다.
>
> ㉯ 고흐는 미술품을 파는 가게에서 일하기도 했다.
>
> ㉰ 고흐는 어린 시절부터 남들이 알아주던 화가였다.
>
> ㉱ 고흐의 동생 테오는 고흐가 화가가 될 수 있도록 도와주었다.

(   )

어휘

4

관계

㉠과 뜻이 반대되는 낱말로 알맞은 것은 무엇인가요? (   )

① 유명   ② 선명

③ 수명   ④ 지명

⑤ 명화

어휘

5

적용

㉡에 들어갈 말로 알맞은 것을 두 가지 고르세요. (,   )

① 책   ② 그림

③ 사람   ④ 작품

⑤ 동상

⬇ **핵심어**

무 無 – 없다 | 명 名 – 이름

무명

이름이 알려져 있지 **않음**

이름이 널리 알려져 있지 않음.

예 그 가수는 지금은 아주 유명하지만 오랜 ❶◻◻ 시절을 보냈다고 한다.

답 ❶ (   )

확장

무 無 (1. 없다 2. 아니다)가 들어간 한자어

무리 무 無 – 아니다 | 리 理 – 이치

이치에 맞지 않거나 정도에서 지나치게 벗어남.

예 이 책은 너무 어려워서 초등학생이 읽는 것은 ❷◻◻이다.

☑ **소리는 같지만 뜻이 다른 말 무리** 사람이나 짐승, 사물 따위가 모여서 뭉친 한 동아리.

답 ❷ (   )

무상 무 無 – 없다 | 상 償 – 갚다

어떤 행위에 대하여 아무런 대가나 보상이 없음.

예 고장 난 제품을 ❸◻◻으로 수리 받았다.

☑ **반대되는 말 유상** 어떤 행위에 대하여 보상이 있음.

답 ❸ (   )

이해 다음 낱말과 뜻을 알맞게 선으로 이으세요.

1 　무상　 •

• ㉮ 이름이 널리 알려져 있지 않음.

2 　무리　 •

• ㉯ 이치에 맞지 않거나 정도에서 지나치게 벗어남.

3 　무명　 •

• ㉰ 어떤 행위에 대하여 아무런 대가나 보상이 없음.

적용 빈칸에 들어갈 낱말을 보기 에서 찾아 쓰세요.

보기

무명	무리	무상

4 숙제를 대신 해 달라고 하는 건 너무 (　　　　　　)한 부탁 아니니?

5 어려운 사람들에게 쌀을 아무 대가 없이 (　　　　　　)(으)로 제공하기로 했다.

6 지금의 그는 널리 알려진 배우이지만 (　　　　　　)이던 시절이 있었다고 한다.

심화 **7** 다음 빈칸에 들어갈 알맞은 낱말은 무엇인가요? (　　　　)

루아: 영호야, 너 며칠 동안 감기에 걸려서 학교에 못 나오지 않았니?

수현: 청소는 우리가 할게. 너무 [　　　　]하지 마.

영호: 고마워. 다 나으면 내가 더 많이 할게.

① 무효　　　　② 무능　　　　③ 무료　　　　④ 무시　　　　⑤ 무리

우리나라의 전통 의상 ☐☐

한복은 옛날부터 전해 내려오는 우리 고유의 전통 의상이에요. 1600여 년 전부터 입었던 옷으로, 세계에서 가장 역사가 길다고 해요.

한복은 성별이나 **신분**, 계절별로 다르게 입었어요. 성별에 따라 남자는 바지와 저고리를 입었고 여자는 치마와 저고리를 입었어요. 신분에 따라 양반은 비단으로 지은 옷을 입고 양반이 아닌 보통 사람들은 무명으로 지은 옷을 입었지요. 계절에 따라 여름에는 시원한 모시옷과 삼베옷을 입었고 다른 계절에는 비단옷이나 무명옷을 입었어요.   5

시간이 흐르면서 한복의 모습도 조금씩 달라졌는데, 지금과 같은 모습의 한복은 조선 시대부터 입기 시작했다고 해요. 또, 옛날에 한복은 평소에 입는 옷이었지만 오늘날 한복은 주로 설날과 추석 같은   10
명절이나 결혼식과 같은 특별한 날에 입는 옷이에요.

조상들은 우리나라의 기후와 생활 방식에 맞게 자연 재료를 이용하여 한복을 만들었어요. 한복은 ㉠**직선**과 **곡선**이 **조화**를 이루어 선이 아름답고 색도 다양해요. **품**이 넉넉하여 주로 앉아서 생활하던 우리 민족에게 알맞고 활동하기에도 편하지요. 몸을 조이지 않아 건강에도   15
좋아요.

한복은 우리 민족의 정신과 문화, 역사를 담아낸 소중한 문화유산이에요. 다가오는 명절에는 한복을 입고 아름다운 모습을 뽐내 보는 것은 어떨까요?

- **신분** 개인이 자기가 속해 있는 사회 안에서 가지고 있는 역할이나 지위.
- **직선**(곧을 직 直, 선 선 線) 꺾이거나 굽은 데가 없는 곧은 선.
- **곡선**(굽을 곡 曲, 선 선 線) 모나지 아니하고 부드럽게 굽은 선.
- **조화** 서로 잘 어울림.
- **품** 윗옷의 겨드랑이 밑의 가슴과 등을 두르는 부분의 넓이.

---

1 빈칸에 알맞은 낱말을 넣어 이 글의 제목을 완성하세요.

제목

• 우리나라의 전통 의상 ☐☐

2 글쓴이가 이 글을 쓴 까닭은 무엇인가요? (　　　　)

① 한복을 만드는 방법을 알려 주려고

② 한복을 입어 본 경험을 말해 주려고

③ 한복을 자주 입어야 한다고 주장하려고

④ 세계 여러 나라의 전통 의상을 소개하려고

⑤ 우리나라의 전통 의상인 한복을 설명하려고

3 한복의 장점에 대한 설명으로 알맞지 <u>않은</u> 것은 무엇인가요? (　　　　)

① 색깔이 다양하다.

② 품이 넉넉하여 활동하기에 편하다.

③ 몸에 딱 맞게 조여서 더욱 아름답게 보인다.

④ 직선과 곡선이 조화를 이루어 선이 아름답다.

⑤ 주로 앉아서 생활하던 우리 민족에게 알맞다.

4 ㉠과 뜻이 반대되는 낱말로 알맞은 것을 이 글에서 찾아 쓰세요.

5 다음 빈칸에 공통으로 들어갈 수 있는 말은 무엇인가요? (　　　　)

• 배우가 촬영 때 입을 ☐☐☐(으)로 갈아입었다.
• 옷가게에는 벌써 여름 ☐☐☐이/가 걸려 있었다.

① 의자　　　　　　② 의사　　　　　　③ 의견

④ 의상　　　　　　⑤ 의리

 핵심어

의 衣 – 옷 | 상 裳 – 아랫도리 옷

의상

↓

옷

겉에 입는 옷.

예 어머니의 옷장에는 예쁜 ❶◻◻이 가득하다.

답❶ (   )

확장

의 衣 (옷)가 들어간 한자어

우의　우 雨 – 비 | 의 衣 – 옷

비가 올 때 비에 젖지 아니하도록 덧입는 옷.

예 갑자기 비가 쏟아지는데 우산도 ❷◻◻도 없다.

☑ **비슷한 말 비옷** 비가 올 때 비에 젖지 아니하도록 덧입는 옷.

답❷ (   )

의식주　의 衣 – 옷 | 식 食 – 먹다 | 주 住 – 살다

옷과 음식과 집을 통틀어 이르는 말. 인간 생활의 세 가지 기본 요소이다.

예 ❸◻◻◻는 사람이 살아가는 데 기본이 되는 요소이다.

예 우리 가족은 의식주 걱정 없이 살고 있다.

답❸ (   )

이해 보기 에서 글자들을 골라, 뜻에 알맞은 낱말을 만드세요.

보기

| 감 | 의 | 자 | 주 |
| 상 | 우 | 식 | 영 |

1 겉에 입는 옷. (   )

2 옷과 음식과 집을 통틀어 이르는 말. (   )

3 비가 올 때 비에 젖지 아니하도록 덧입는 옷. (   )

적용 다음 낱말이 들어갈 문장을 찾아 알맞게 선으로 이으세요.

4 우의 •

 • ㉮ 무대 (   )이/가 조명에 비쳐 반짝거렸다.

5 의상 •

 • ㉯ 내일 비가 올 수도 있으니 (   )을/를 챙겨 오세요.

6 의식주 •

 • ㉰ 아직까지도 매일 (   ) 걱정을 해야 하는 가난한 사람이 많다.

심화 **7** 다음 글에서 빈칸에 들어갈 알맞은 낱말을 찾아 기호를 쓰세요.

> 오늘은 가족과 발레 ㉠공연을 보러 다녀왔다. 무용수들은 별빛을 모아 놓은 듯 하늘하늘한 [   ]을 입고 음악에 맞추어 춤을 추었다. 가벼우면서도 힘차게 뛰어오르는 모습이 마치 ㉡하늘로 날아갈 것처럼 보였다. 동화 속에서 보았던 요정들을 눈앞에서 보는 느낌이었다. 발레 ㉢의상이 너무 예뻐서 나도 입어 보고 싶었다.

(   )

산업이나 교통의 발달로 생기는 공해

　산업이나 교통의 발달에 따라 사람이나 생물이 입게 되는 여러 가지 피해를 '공해'라고 해요. 공해는 최근 큰 사회 문제 중의 하나로 나타나고 있으며 점점 더 **심각**해지고 있어요. 공해에는 여러 가지가 있지만 대표적으로는 **수질 오염**과 ㉠**대기** 오염이 있어요.

　수질 오염이란 물이 오염되는 것을 말해요. 산업이 발달하면서 물건을 만들기 위해 많은 공장이 세워졌어요. 공장에서 사용하고 더러워진 물은 강이나 호수에 흘러들지요. 많은 공장에서 더러운 물을 흘려보내기 때문에 물은 저절로 깨끗해지는 힘을 잃고, 결국 오염되어요. 물이 오염되면 그 물을 마신 사람들이 큰 병에 걸리기도 하고, 물속에 사는 물고기들이 죽기도 해요.

　대기 오염이란 공기가 오염되는 것을 말해요. 산업이 발달하면서 세워진 공장에서는 공기 중으로 **매연**도 내보내요. 공장의 굴뚝에서 나오는 매연은 공기를 오염시키는 해로운 것이지요. 또, 교통의 발달에 따라 사람들이 많이 이용하게 된 자동차에서도 매연이 나와서 공기를 더럽혀요. 공기가 오염되면 사람들뿐만 아니라 동물들과 식물들도 숨을 쉬기가 어려워지고 병이 생기기도 한답니다.

　이처럼 공해는 동물들과 식물들, 사람들의 삶까지 영향을 미쳐요. 그러므로 ⃞㉡⃞을/를 줄이려는 노력은 아주 중요해요. 환경이 오염되는 것을 막기 위하여 우리가 무엇부터 할 수 있을지 한번 생각해 보아요.

5

10

15

20

1
핵심어

이 글에서 가장 중심이 되는 낱말은 무엇인지 쓰세요.

2 이 글의 내용과 <u>다른</u> 것은 무엇인가요? (   )

내용 이해

① 자동차는 대기 오염을 일으킨다.

② 산업이나 교통의 발달로 공해가 생겼다.

③ 대기 오염이란 공기가 오염되는 것이다.

④ 수질 오염이란 물이 오염되는 것을 말한다.

⑤ 공장은 수질 오염만 일으키고, 대기 오염은 일으키지 않는다.

3 이 글을 통해 답을 알 수 있는 질문은 무엇인가요? (   )

추론

① 공해가 생기는 까닭

② 공해 때문에 생기는 병의 종류

③ 오염된 공기를 깨끗하게 만드는 방법

④ 오염된 물을 마신 사람을 치료하는 방법

⑤ 사람들이 대중교통을 이용하지 않으려는 까닭

4 어휘

㉠과 바꾸어 쓸 수 있는 말은 무엇인가요? (   )

관계

① 비   ② 물   ③ 바람

④ 공기   ⑤ 바다

5 어휘

㉡에 들어갈 말로 알맞은 것에 ○표 하세요.

적용

| 공간 | 공해 | 공사 | 공기 |

어휘 학습

동영상 강의

↓ 핵심어

공 公 – 여럿 | 해 害 – 해롭다

공해

산업이나 교통의 발달에 따른 **여러 가지 피해**

산업이나 교통의 발달에 따라 사람이나 생물이 입게 되는 여러 가지 피해.

예 공장에서 나오는 더러운 물과 매연은 ❶◻◻를 일으킨다.

답 ❶ (   )

확장

공 公 (1. 공평하다 2. 여럿)이 들어간 한자어

공공   공 公 – 여럿 | 공 共 – 함께

한 사회의 모든 사람의 이익에 관계되는 일.

예 ❷◻시설은 모두를 위한 것이므로 아껴서 사용해야 한다.

☑ 비슷한 말 **공동** 어떤 일을 여럿이 함께하거나 함께 관계되는 (것).

답 ❷ (   )

공평   공 公 – 공평하다 | 평 平 – 평평하다

어느 쪽으로도 치우치지 않고 고름.

예 어머니께서는 우리 형제에게 간식을 항상 ❸◻하게 나누어 주신다.

☑ 비슷한 말 **평등** 권리, 의무, 자격 등이 차별 없이 고르고 한결같음.

☑ 반대되는 말 **불공평** 한쪽으로 치우쳐 고르지 못함.

답 ❸ (   )

이해 다음 뜻에 해당하는 낱말을 (보기)에서 찾아 쓰세요.

> **보기**
>
> 공평   공공   공해

1 어느 쪽으로도 치우치지 않고 고름.   (   )

2 한 사회의 모든 사람의 이익에 관계되는 일.   (   )

3 산업이나 교통의 발달에 따라 사람이나 생물이 입게 되는 여러 가지 피해.

(   )

적용 다음 낱말이 들어갈 문장을 찾아 선으로 이으세요.

4 공공 ·

· ㉮ 누구에게나 하루는 24시간씩 (   )하게 주어집니다.

5 공해 ·

· ㉯ 서준아, (   )장소에서는 그렇게 시끄럽게 떠들면 안 돼.

6 공평 ·

· ㉰ 공장이 들어오면서 수질 오염이나 대기 오염과 같은 (   )이/가 심각해졌다.

심화 **7** 다음 글에서 빈칸에 들어갈 알맞은 낱말은 무엇인가요? (   )

> 바람이 불어와 아저씨의 우산을 휙 하고 날려 버립니다. 바람은 꼬마 아이의 모자도 휙 하고 날려 버립니다. 바람은 옆집 아주머니의 손수건도, 집배원 아저씨의 편지도 휙 하고 날려 버립니다. 바람은 누구에게나 [   ]하게 붑니다.

① 공해   ② 공기   ③ 평평   ④ 공평   ⑤ 공동

어휘

속담

속담은 옛날부터 사람들 사이에서 이야기되는 짧은 말로, 교훈을 담고 있습니다.

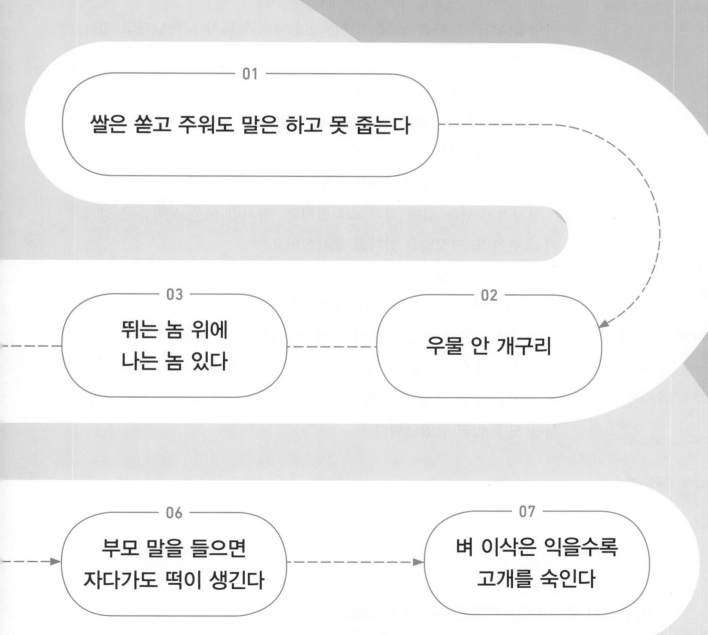

01

쌀은 쏟고 주워도 말은 하고 못 줍는다

03

뛰는 놈 위에
나는 놈 있다

02

우물 안 개구리

06

부모 말을 들으면
자다가도 떡이 생긴다

07

벼 이삭은 익을수록
고개를 숙인다

01

쌀은 쏟고 주워도 말은 하고 못 주워요

쌀은 쏟고 주워도 말은 하고 못 줍는다

쌀은 쏟아도 주울 수 있으나 말은 다시 수습할 수 없다는 뜻으로, 말을 조심해야 한다는 말이다.

평화로운 **산골** 마을에 양치기 소년이 살았어요. 양치기 소년은 매일 양들하고만 지내는 것이 심심했어요. 어느 날, 심심함을 견디지 못한 양치기 소년은 언덕 아래 마을을 향해 소리쳤어요.

"살려주세요! 늑대가 나타났어요!"

마을 사람들은 깜짝 놀라서 양치기 소년을 도와주러 달려왔어요. 그 모습을 보고 양치기 소년은 **박장대소**를 하며 말했어요.   5

"하하하. ㉠거짓말이에요. 늑대는 없어요."

다음 날도, 그다음 날도 소년은 심심해서 늑대가 나타났다고 계속 거짓말을 했어요.

"에이 또 속았잖아. 이제 더는 안 믿어."   10

사람들은 **투덜거리면서** 마을로 돌아갔어요.

그런데 어느 날, 정말로 늑대가 나타났어요.

"도와주세요! 늑대가 나타났어요!"

양치기 소년은 겁에 질려 소리쳤어요. 하지만 마을 사람들은 양치기 소년이 또 거짓말을 한다고 생각했어요.   15

"누구를 또 **골탕** 먹이려고!"

"㉡**참말**이에요. 늑대가 나타났어요!"

양치기 소년의 거짓말에 여러 번 속았던 마을 사람들은 아무도 도와주러 오지 않았어요. 양치기 소년은 뒤늦게 **후회**했지만, 이미 쏟아 버린 말을 주워 담을 수는 없었지요. 양치기 소년은 결국 늑대에게 양들을 모두 잃고 말았답니다.   20

- **산골** 외지고 으슥한 깊은 산속.
- **박장대소** 손뼉을 치며 크게 웃음.
- **투덜거리면서** 남이 알아듣기 어려울 정도의 낮은 목소리로 자꾸 불평을 하면서.
- **골탕** 심한 손해를 입거나 아주 곤란해지는 것.
- **참말** 사실과 조금도 틀림이 없는 말.
- **후회** 이전의 잘못을 깨치고 뉘우침.

1

이 글에서 중심이 되는 인물은 누구인지 쓰세요.

인물

2

내용 이해

이 글을 통해 알 수 있는 내용이 <u>아닌</u> 것은 무엇인가요? (   )

① 양치기 소년은 여러 번 거짓말을 했다.

② 언덕 아래 마을에는 늑대가 자주 나타나곤 했다.

③ 양치기 소년은 늑대에게 양들을 모두 잃고 말았다.

④ 양치기 소년은 매일 양들하고만 지내는 것이 심심했다.

⑤ 진짜로 늑대가 나타났을 때 마을 사람들은 양치기 소년을 도와주지 않았다.

3

적용

이 글에 대한 생각을 알맞게 말한 친구는 누구인지 기호를 쓰세요.

> ㉮ 서빈: 양치기 소년처럼 열심히 일을 하면 좋은 일이 생기는 것 같아.
> ㉯ 건희: 양치기 소년이 거짓말을 하지 않았더라면 양을 모두 잃는 일은 없었을
>   거야.
> ㉰ 다인: 진짜 늑대가 나타났을 때 마을 사람들이 도와주러 오지 않은 것을 보면,
>   마을 사람들은 늑대를 무서워했던 것 같아.

(   )

4

어휘

관계

㉠과 ㉡의 두 낱말의 관계와 <u>다르게</u> 짝 지은 것은 무엇인가요? (   )

① 위 - 아래   ② 도시 - 시골   ③ 더위 - 추위

④ 과일 - 사과   ⑤ 가볍다 - 무겁다

5

어휘

적용

이 글에 어울리는 속담은 무엇인가요? (   )

① 꿩 먹고 알 먹는다

② 쥐구멍에도 볕 들 날 있다

③ 원숭이도 나무에서 떨어진다

④ 하늘은 스스로 돕는 자를 돕는다

⑤ 쌀은 쏟고 주워도 말은 하고 못 줍는다

동영상 강의

쌀은 쏟고 주워도 말은 하고 못 줍는다

쌀은 쏟아도 주울 수 있으나 말은 다시 수습할 수 없다는 뜻으로, 말을 조심 해야 한다는 말.

예 쌀은 쏟고 주워도 ❶은 하고 못 줍는다고, 남에 대한 안 좋은 이야기를 하면 나중에 후회할 거야.

답 ❶ (   )

확장

말조심과 관련한 속담

말이란 아 해 다르고 어 해 다르다

말이란 같은 내용이라도 표현하는 데 따라서 아주 다르게 들린다는 말.

예 말이란 아 해 다르고 ❷ 해 다르다더니, 민재는 같은 말이라도 기분 좋게 하는 재주가 있구나.

답 ❷ (   )

호랑이도 제 말 하면 온다

깊은 산에 있는 호랑이조차도 저에 대하여 이야기하면 찾아온다는 뜻으로, 어느 곳에서나 그 자리에 없다고 남을 흉보아서는 안 된다는 말.

예 ❸ ☐☐도 제 말하면 온다는데, 그 친구가 들으면 어쩌려고 이렇게 흉을 보는 거야?

답 ❸ (   )

이해 다음 속담과 뜻을 알맞게 선으로 이으세요.

1 호랑이도 제 말 하면 온다 ·

· ㉮ 말이란 같은 내용이라도 표현하는 데 따라서 아주 다르게 들린다는 말.

2 말이란 아 해 다르고 어 해 다르다 ·

· ㉯ 어느 곳에서나 그 자리에 없다고 남을 흉보아서는 안 된다는 말.

3 쌀은 쏟고 주워도 말은 하고 못 줍는다 ·

· ㉰ 쌀은 쏟아도 주울 수 있으나 말은 다시 수습할 수 없다는 뜻으로, 말을 조심해야 한다는 말.

적용 빈칸에 들어갈 속담을 보기 에서 찾아 쓰세요.

보기
㉠ 호랑이도 제 말 하면 온다
㉡ 말이란 아 해 다르고 어 해 다르다
㉢ 쌀은 쏟고 주워도 말은 하고 못 줍는다

4 [　　　　　　　　]는데, 말실수를 조심해야 해. (　　　　)

5 [　　　　　　　　]고, 언니 얘기를 했더니 언니가 왔어. (　　　　)

6 [　　　　　　　　]고, 어떻게 표현하느냐에 따라 듣는 사람의 기분이 달라질 수 있어. (　　　　)

심화 **7** 다음 글을 읽고, 어울리는 속담에 ○표 하세요.

희정: 우주 걔는 저번에 일 등 한 번 하더니 너무 잘난 척이 심하지 않니?
유민: 그러게 말이야.
우주: 애들아, 안녕? 무슨 이야기하고 있었어?
희정: 헉! 우주야, 언제부터 와 있었어?

(1) 호랑이도 제 말 하면 온다 (　　　　)
(2) 말이란 아 해 다르고 어 해 다르다 (　　　　)

02

우물 안 개구리의 깨달음

우물 안 개구리

1. 넓은 세상의 형편을 알지 못하는 사람을 비유적으로 이르는 말.
2. 견식이 좁아 저만 잘난 줄로 아는 사람을 비꼬는 말.

우물에 사는 개구리와 동해 바다에 사는 거북이 만났어요. 개구리가 거북을 보고 말했어요.

"나는 참 즐거워. 우물 **난간** 위에서 폴짝거리면서 놀다가 힘들면 깨진 우물 벽에 들어가서 쉴 수 있지. 물 안에서 헤엄치다가 겨드랑이를 물 위에 대고 둥둥 떠다니면 천국이 따로 없다네. 진흙 속으로 뛰어들면 몸을 숨겨서 위험을 피할 수도 있지. 게다가 우물 하나를 **독차지**하는 즐거움은 정말 최고야. 자네도 한 번 들어와서 둘러봐." 5

개구리의 말에 거북이 우물로 들어가려고 발을 넣었어요. 그런데 우물이 너무 좁아 들어갈 수가 없었어요. 발을 다시 빼낸 거북은 한참을 망설이다 개구리에게 자신이 사는 바다의 이야기를 들려주었어요. 10

"바다는 크기를 잴 수 없을 만큼 크고, 깊이를 잴 수 없을 만큼 깊다네. 십 년 동안 아홉 번의 **홍수**가 쏟아졌어도 바닷물은 늘어나지 않았고, 팔 년 동안 일곱 번의 **가뭄**으로 타들어 갔어도 바닷물은 줄지 않았지. 바다는 아주 크고 깊기 때문에 시간이 흘러도 변하지 않는다네. 이것이 바다의 즐거움이야." 15

거북의 이야기를 들은 개구리는 깜짝 놀랐어요. 그리고 ㉠우물 밖 세상이 훨씬 넓다는 것을 깨닫게 되었답니다.

- **난간** 계단, 다리, 마루 등의 가장자리에 나무나 쇠붙이로 허리 높이에서 가로막아 사람이 떨어지지 않게 세운 것.
- **독차지** 혼자서 모두 차지함.
- **홍수** 비가 많이 와서 강이나 개천에 갑자기 크게 불은 물.
- **가뭄** 오랫동안 계속하여 비가 내리지 않아 메마른 날씨.

1

인물

이 글에서 중심이 되는 인물은 누구누구인지 쓰세요.

· ⬚⬚⬚ 와 ⬚⬚

2

내용 이해

이 글을 통해 알 수 있는 내용이 <u>아닌</u> 것은 무엇인가요? (   )

① 바다는 크기를 잴 수 없을 만큼 크다.

② 바다는 시간이 지나도 변하지 않는다.

③ 거북은 우물이 너무 좁아서 들어가지 못했다.

④ 바다는 홍수가 나면 불어났다가 가뭄이 들면 줄어든다.

⑤ 개구리는 거북에게 우물에서 사는 것의 즐거움을 자랑했다.

3

적용

㉠과 관련한 경험으로 알맞은 것은 무엇인가요? (   )

① 친구가 전학을 가서 아쉬웠다.

② 동생의 새로운 장난감이 부러웠다.

③ 이사 오기 전 동네가 생각이 나서 다시 가 보았다.

④ 친구가 자신의 집이 우리 집보다 더 좋다고 말해서 얄미웠다.

⑤ 여행을 하면서 더 크고 넓은 세상이 있다는 것을 깨닫게 되었다.

4

어휘

뜻

아래 내용을 뜻하는 낱말을 이 글에서 찾아 쓰세요.

> 혼자서 모두 차지함.

(   )

5

어휘

적용

다음 빈칸에 공통으로 들어갈 속담으로 알맞은 것은 무엇인가요? (   )

> • 큰 대회에 나가 보니 그동안 내가 [   ]였다는 것을 알 수 있었다.
>
> • 영수는 고작 우리 반 스무 명 중에 일 등이면서 자기가 세상에서 제일 잘난 줄 아는 [   ]야.

① 독 안에 든 쥐

② 빛 좋은 개살구

③ 우물 안 개구리

④ 돼지에 진주 목걸이

⑤ 아닌 밤중에 홍두깨

어휘 학습

동영상 강의

우물 안 개구리

1. 넓은 세상의 형편을 알지 못하는 사람을 비유적으로 이르는 말.

예 ❶□□ 안 개구리가 되지 않으려면 책을 많이 읽어야 해.

2. 견식이 좁아 저만 잘난 줄로 아는 사람을 비꼬는 말.

예 그 애는 진짜로 자기가 잘난 줄 아는 우물 안 개구리야.

답❶ (   )

확장

어리석음과 관련한 속담

낫 놓고 기역 자도 모른다

기역 자 모양으로 생긴 낫을 보면서도 기역 자를 모른다는 뜻으로, **아주 무식함**을 비유적으로 이르는 말.

예 그 사람은 너무 무식해서 ❷□ 놓고 기역 자도 몰라.

답❷ (   )

쇠귀에 경 읽기

소의 귀에 대고 책을 읽어 봐야 단 한 마디도 알아듣지 못한다는 뜻으로, **아무리 가르치고 일러 주어도 알아듣지 못하거나 효과가 없는 경우**를 이르는 말.

예 동생이 너무 어려서 아무리 가르쳐 주어도 쇠귀에 ❸□ 읽기였어.

답❸ (   )

이해 다음 속담의 뜻을 보기 에서 찾아 기호를 쓰세요.

> 보기
>
> ㉠ 넓은 세상의 형편을 알지 못하는 사람을 비유적으로 이르는 말.
> ㉡ 기역 자 모양으로 생긴 낫을 보면서도 기역 자를 모른다는 뜻으로, 아주 무식함을 비유적으로 이르는 말.
> ㉢ 소의 귀에 대고 책을 읽어 봐야 단 한 마디도 알아듣지 못한다는 뜻으로, 아무리 가르치고 일러 주어도 알아듣지 못하거나 효과가 없는 경우를 이르는 말.

1 쇠귀에 경 읽기 ( )

2 우물 안 개구리 ( )

3 낫 놓고 기역 자도 모른다 ( )

적용 자음자를 보고, 다음 상황에 어울리는 속담을 완성하세요.

4 아무리 설명해도 알아듣지를 못하니 ㅅㄱ에 경 읽기가 따로 없네.

( )

5 이렇게 쉬운 문제도 못 풀다니, 정말 낫 놓고 ㄱㅇ 자도 모르는구나.

( )

6 전학 간 학교에 나보다 성적이 좋은 친구들이 많은 것을 보고, 그동안 내가 우물 안 ㄱㄱㄹ였다는 사실을 깨달았다. ( )

심화 **7** 다음 글을 읽고, 어울리는 속담에 ○표 하세요.

> 유준이는 물건을 쓰고 나서 제자리에 가져다 두지 않는 버릇이 있다. 학교에서는 청소 도구를 교실 뒤편 구석에 가져다 두기 일쑤이고, 집에서는 옷을 아무 데나 벗어 놓고 정리하지 않는다. 선생님과 부모님께서 아무리 말씀하셔도 대답만 할 뿐 고치지를 않는다.

(1) 우물 안 개구리 ( )
(2) 쇠귀에 경 읽기 ( )

03

뛰는 놈 위에 나는 놈 있다

아무리 재주가 뛰어나다 하더라도 그보다 더 뛰어난 사람이 있다는 뜻으로, 스스로 뽐내는 사람을 경계하여 이르는 말.

뛰는 놈 위에 [   ] 놈 있답니다

어느 들판에 족제비가 살고 있었어요. 배가 고파진 족제비는 주위를 둘러보다가 들쥐를 발견했어요.

"흐흐, 널 잡아먹어야겠다."

족제비는 들쥐를 쫓았어요. 들쥐는 온 힘을 다해 도망쳤지만 얼마 못 가서 잡히고 말았지요. 5

"제발 살려 주세요."

들쥐가 **애처롭게** 울었지만, 족제비는 놓아줄 생각이 전혀 없었어요.

"나만큼 ㉠<u>빠른</u> 동물은 없을 걸?"

족제비는 자랑스럽게 말했어요. 바로 그때, 하늘을 날고 있던 독수리가 족제비를 **노리고** 있었어요. 독수리는 화살처럼 재빨리 내려와 10 족제비를 날카로운 발톱으로 **움켜쥐었지요.**

"뛰는 놈 위에 나는 놈 있다는 걸 모르는군."

독수리는 족제비를 움켜쥐고 하늘 높이 날아올랐어요. 족제비는 살려 달라고 **애원**했지만 아무 소용이 없었어요.

자신이 아무리 뛰어나다고 하더라도 세상에는 더 나은 사람이 있게 15 마련이에요. 이럴 때는 ㉡'뛰는 놈 위에 나는 놈 있다'라는 말을 써요. 아무리 실력이 뛰어나다 하여도 너무 뽐내지 말라는 뜻이에요. 어떤 일을 하든지 **겸손**하게 실력을 키워 나가는 자세가 필요하답니다.

- **애처롭게** 가엾고 불쌍하여 마음이 슬프게.
- **노리고** 음흉한 목적을 가지고 남의 것을 빼앗으려고 벼르고.
- **움켜쥐었지요** 손가락을 우그리어 손안에 꽉 잡고 놓지 아니하였지요.
- **애원** 소원이나 요구 따위를 들어달라고 애처롭게 사정하여 간절히 바람.
- **겸손** 남을 존중하고 자기를 내세우지 않는 태도가 있음.

1

제목

빈칸에 알맞은 낱말을 넣어 이 글의 제목을 완성하세요.

• 뛰는 놈 위에 [ ][ ] 놈 있답니다

2

내용 이해

이 글의 내용으로 알맞지 <u>않은</u> 것은 무엇인가요? (   )

① 족제비는 들쥐를 놓아주려고 했다.

② 족제비는 배가 고파서 들쥐를 잡았다.

③ 독수리는 족제비를 날카로운 발톱으로 움켜쥐었다.

④ 들쥐는 애처롭게 울며 족제비에게 살려 달라고 했다.

⑤ 족제비는 자신만큼 빠른 동물은 없을 것이라고 말했다.

3

주제

이 글의 교훈으로 가장 알맞은 것은 무엇인가요? (   )

① 욕심을 많이 부리면 안 된다.

② 다른 사람들을 배려해야 한다.

③ 좋은 친구를 사귀려고 노력해야 한다.

④ 노력해 보지도 않고 포기하면 안 된다.

⑤ 자신이 뛰어나다고 하더라도 뽐내지 말고 겸손해야 한다.

4 어휘

관계

㉠과 뜻이 반대되는 낱말은 무엇인가요? (   )

① 멋진   ② 슬픈

③ 느린   ④ 뛰어난

⑤ 뾰족한

5 어휘

적용

㉡이 가장 잘 드러난 상황에 ○표 하세요.

(1) 가족들과 바닷가에 놀러 가서 뛰어다니다가 넘어진 상황   (   )

(2) 상을 받을 줄 알고 수학 경시 대회에 나갔는데 나보다 수학을 잘하는 친구들이 훨씬

　　많아서 상을 못 받은 상황   (   )

어휘 학습

동영상 강의

⬇ 핵심어

뛰는 놈 위에 나는 놈 있다

아무리 재주가 뛰어나다 하더라도 그보다 더 뛰어난 사람이 있다는 뜻으로, 스스로 뽐내는 사람을 경계하여 이르는 말.

예 전국 대회에 나가 보니 뛰어난 친구들이 정말 많더라. 뛰는 놈 위에 ❶ ☐ 놈 있다는 말이 정말이었어.

답 ❶ (   )

사람과 관련한 속담

먹을 가까이하면 검어진다

좋지 못한 사람과 사귀게 되면, 그를 닮아 악에 물들게 됨을 이르는 말.

예 ❷ ☐을 가까이하면 검어진다고, 나쁜 친구들이랑 어울리면 너한테도 좋지 않아.

답 ❷ (   )

친구 따라 강남 간다

자기는 하고 싶지 아니하나 남에게 끌려서 덩달아 하게 됨을 이르는 말.

예 ❸ ☐ 따라 강남 간다고, 떡볶이가 먹고 싶었지만 친구를 따라 햄버거를 먹었어.

답 ❸ (   )

이해 다음 속담과 뜻을 알맞게 선으로 이으세요.

1 친구 따라 강남 간다 ·

2 뛰는 놈 위에 나는 놈 있다 ·

3 먹을 가까이하면 검어진다 ·

· ㉮ 좋지 못한 사람과 사귀게 되면, 그를 닮아 악에 물들게 됨을 이르는 말.

· ㉯ 자기는 하고 싶지 아니하나 남에게 끌려서 덩달아 하게 됨을 이르는 말.

· ㉰ 아무리 재주가 뛰어나다 하더라도 그보다 더 뛰어난 사람이 있다는 뜻.

적용 자음자를 보고, 다음 상황에 어울리는 속담을 완성하세요.

4 친구 따라 ㄱㄴ 간다고, 남들이 하는 것은 모두 따라 하려고 하는구나.

( )

5 ㄸㄴ 놈 위에 나는 놈 있는 것처럼, 기차가 아무리 빨리 달려도 비행기가 더 **빠른** 법이지. ( )

6 친구 한 명을 사귀더라도 신중하게 사귀어야 해. ㅁ을 가까이하면 검어진다는 말 도 있잖아. ( )

심화 **7** 다음 글을 읽고, 어울리는 속담에 ○표 하세요.

> 착한 사람과 함께 있으면 마치 향기가 그윽한 난초가 있는 방에 들어간 것 과 같아요. 그와 함께 오래 지내면 향기는 맡을 수 없게 되더라도, 자연스럽 게 비슷한 착한 사람이 되어요. 그러나 악한 사람과 있으면 나쁜 냄새가 풍기 는 방에 들어간 것과 같아서, 그와 비슷한 악한 사람이 되어요.

(1) 뛰는 놈 위에 나는 놈 있다 ( )
(2) 먹을 가까이하면 검어진다 ( )

사공이 많으면 배가 산으로 간대요

아버지와 아들이 당나귀를 팔러 ㉠시장에 가고 있었어요. 그런데 어느 큰 나무 앞을 지날 때 사람들의 말소리가 들렸어요.

"당나귀를 타고 가면 될 것이지 뭐 하러 끌고 간담."

이 말을 듣고 아버지는 아들을 당나귀에 태웠어요. 잠시 후 **정자**를 지나는데 노인들이 한마디씩 했어요. 5

"아버지는 걷게 하고 자기는 편안하게 앉아 있다니. 요즘 아이들은 ㉡버릇이 없어."

이 말을 듣고 아버지는 당나귀에 타고 아들을 걷게 했지요. 얼마쯤 더 가자 **빨래터**의 여인들이 말했어요.

"어린아이의 다리가 얼마나 아플까? **매정한** 아버지 같으니라고." 10

이 말을 듣고 아버지는 아들도 당나귀에 태웠어요. 한참 뒤 우물가를 지날 때 이야기를 나누던 청년들이 말했어요.

"당나귀가 너무 불쌍해. 나라면 당나귀를 메고 갈 텐데."

이 말을 듣고 아버지와 아들은 당나귀 다리를 긴 막대기에 묶어서 짊어지고 갔어요. 시장 입구에 있는 다리를 건널 때에 사람들이 이 15 ㉢광경을 보고 모두 아버지와 아들을 비웃었지요. 그 소리에 놀란 당나귀가 마구 ㉣발버둥을 치자 당나귀를 묶었던 밧줄이 끊어졌고, **가여운** 당나귀는 강에 빠져 떠내려가고 말았어요. 아버지는 "다른 사람의 말만 듣다가 결국 귀한 당나귀를 잃었구나."라며 ㉤후회했답니다.

- **정자** 경치가 좋은 곳에 놀거나 쉬기 위하여 지은 집.
- **빨래터** 시내나 샘터에서 빨래할 수 있게 마련한 일정한 장소.
- **매정한** 얄미울 정도로 쌀쌀맞고 인정이 없는.
- **광경**(빛 광 光, 경치 경 景) 벌어진 일의 형편과 모양.
- **가여운** 마음이 아플 만큼 딱하고 불쌍한.

1

인물

이 글에서 중심이 되는 인물은 누구누구인지 모두 ○표 하세요.

노인	아들	청년	아버지

이 글에서 당나귀를 팔러 가며 지나간 장소를 보기 에서 찾아 차례대로 쓰세요.

보기

우물가   빨래터

• 큰 나무 앞 → 정자 → ☐☐☐ → ☐☐☐ → 시장 입구의 다리

3 적용

아버지와 아들에 대한 생각을 알맞게 말한 친구는 누구인지 기호를 쓰세요.

㉮ 준우: 다른 사람들의 의견에 귀 기울일 줄 아는 아버지와 아들은 지혜로워.

㉯ 유나: 사람들의 말을 모두 들으려다가 결국 당나귀를 잃게 된 아버지와 아들은 어리석어.

(   )

4 어휘 / 뜻

㉠~㉤ 중 '벌어진 일의 형편과 모양.'이라는 뜻을 지닌 낱말은 무엇인가요? (   )

① ㉠ '시장'   ② ㉡ '버릇'   ③ ㉢ '광경'
④ ㉣ '발버둥'   ⑤ ㉤ '후회'

5 적용

이 글에 어울리는 속담은 무엇인가요? (   )

① 병 주고 약 준다
② 배보다 배꼽이 더 크다
③ 남의 손의 떡은 커 보인다
④ 개구리 올챙이 적 생각 못 한다
⑤ 사공이 많으면 배가 산으로 간다

사공이 많으면 배가 산으로 간다

여러 사람이 저마다 제 주장대로 배를 몰려고 하면 결국에는 배가 물로 못 가고 산으로 올라간다는 뜻으로, 주관하는 사람 없이 여러 사람이 자기주장만 내세우면 일이 제대로 되기 어려움을 비유적으로 이르는 말.

예 학급 회의에 사공이 많으니 배가 ❶으로 가겠어.

답 ❶ (   )

 확장

삶의 진리와 관련한 속담

가는 정이 있어야 오는 정이 있다

자기가 남에게 말이나 행동을 좋게 하여야 남도 자기에게 좋게 한다는 말.

예 가는 ❷이 있어야 오는 정이 있다고, 네가 먼저 친구를 좋게 대하면 친구도 너를 좋게 대할 거야.

☑ 비슷한 말 **가는 말이 고와야 오는 말이 곱다** 자기가 남에게 말이나 행동을 좋게 하여야 남도 자기에게 좋게 한다는 말.

답 ❷ (   )

물이 깊어야 고기가 모인다

자기에게 어진 행동으로 얻은 사람들의 존경이 있어야 사람들이 따르게 됨을 비유적으로 이르는 말.

예 ❸이 깊어야 고기가 모인다고, 유진이가 평소에 친구들을 많이 도와주더니 반장으로 뽑혔구나.

답 ❸ (   )

이해 다음 속담과 뜻을 알맞게 선으로 이으세요.

1 물이 깊어야 고기가 모인다 ・ ・㉮ 자기가 남에게 말이나 행동을 좋게 하여야 남도 자기에게 좋게 한다는 말.

2 사공이 많으면 배가 산으로 간다 ・ ・㉯ 자기에게 어진 행동으로 얻은 사람들의 존경이 있어야 사람들이 따르게 됨.

3 가는 정이 있어야 오는 정이 있다 ・ ・㉰ 주관하는 사람 없이 여러 사람이 자기주장만 내세우면 일이 제대로 되기 어려움.

적용 빈칸에 들어갈 속담을 보기 에서 찾아 쓰세요.

보기
㉠ 물이 깊어야 고기가 모인다
㉡ 사공이 많으면 배가 산으로 간다
㉢ 가는 정이 있어야 오는 정이 있다

4 _____는 말처럼, 세종 대왕은 인품이 훌륭하시니까 백성들이 잘 따랐던 것 같아. ( )

5 _____더니, 모두의 의견을 다 받아들였더니 원래 하려던 방향에서 더 멀어졌어. ( )

6 _____더니, 내가 먼저 친구들을 도와줬더니 내가 필요할 때 친구들도 도움을 주었어. ( )

심화 **7** 다음 글을 읽고, 어울리는 속담에 ○표 하세요.

황희 정승은 조선 시대에 높은 벼슬을 지내신 분이야. 황희 정승은 너그럽고 신중하며 슬기로웠고, 백성을 위하는 마음이 컸다고 해. 높은 자리에 있으면서도 늘 검소한 생활을 해서 백성들이 황희 정승을 따르고 존경했다고 해.

(1) 물이 깊어야 고기가 모인다 ( )
(2) 가는 정이 있어야 오는 정이 있다 ( )

05

바늘 도둑이 소도둑 되었어요

핵심어

**바늘 도둑이
소도둑 된다**

바늘을 훔치던 사람이 계속 반복하다 보면 결국은 소까지도 훔친다는 뜻으로, 작은 나쁜 짓도 자꾸 하게 되면 큰 죄를 저지르게 됨을 비유적으로 이르는 말.

한 어머니가 아들과 **단둘**이 살고 있었어요. 어머니는 하나뿐인 아들을 너무 소중하게 여긴 나머지 아들이 잘못을 저질러도 ㉠**꾸짖지** 않았어요.

어느 날, 아들은 친구의 책을 훔쳐서 어머니께 드렸어요. 어머니는 친구 물건을 훔친 행동을 혼내는 대신 아들을 칭찬했어요.

"아이고, 우리 아들. 잘했어!"

며칠 후, 아들은 또 다시 남의 물건을 훔쳐 어머니께 드렸어요. 어머니는 이번에도 아들을 **나무라지** 않았어요. 오히려 필요한 물건을 가져왔다며 칭찬했지요. 아들은 어머니를 기쁘게 하기 위해 점점 더 비싸고 **귀한** 물건을 훔쳤어요.

어느새 자라서 어른이 된 아들은 남의 집에 몰래 들어가서 비싼 물건을 마구 훔치는 도둑이 되었어요. 결국 아들은 어떤 **상인**의 집에서 도둑질을 하다가 붙잡히고 말았지요.

그동안 지은 죄가 많았기 때문에 아들은 오랫동안 감옥에 갇히게 되었어요. 감옥으로 끌려 가는 아들을 보고 어머니는 가슴을 치며 긴 한숨을 내쉬었지요. 아들은 자신을 지켜보는 어머니를 발견하고는 눈물을 흘리며 외쳤어요.

"내가 맨 처음 물건을 훔쳤을 때 도둑질은 나쁜 짓이라며 어머니가 나를 혼냈다면, 내가 이렇게 되지는 않았을 거예요! 내가 이렇게 된 것은 다 어머니 때문이에요!"

5

10

15

20

- **단둘** 단 두 사람.
- **꾸짖지** 윗사람이 아랫사람의 잘못에 대하여 엄하게 나무라지.
- **나무라지** 상대방의 잘못이나 부족한 점을 꼬집어 말하지.
- **귀한** 구하거나 얻기가 아주 힘들 만큼 드문.
- **상인** 장사를 직업으로 하는 사람.

1

인물

이 글에서 중심이 되는 인물은 누구누구인지 모두 ◯표 하세요.

친구	아들	상인	어머니

2

글의 특징

이 글에 대한 설명을 알맞게 말한 친구의 이름을 쓰세요.

> 수현: 읽는 사람에게 감동을 주기 위해 쓴 글이야.
> 민재: 인물에게 일어난 일을 통해 교훈을 주는 글이야.
> 다은: 생활을 하며 느낀 점을 생각나는 대로 쓴 글이야.

(   )

3

내용 이해

이 글의 내용과 <u>다른</u> 것은 무엇인가요? (   )

① 어머니는 아들을 소중하게 여기며 키웠다.
② 어머니는 아들이 잘못을 해도 혼내지 않았다.
③ 어머니는 아들이 친구의 책을 가져왔을 때 칭찬했다.
④ 아들이 남의 물건을 훔쳤을 때 어머니는 아들을 꾸짖었다.
⑤ 어른이 된 아들은 어떤 상인의 집에서 도둑질을 하다가 붙잡혔다.

4

어휘

관계

㉠과 바꾸어 쓸 수 <u>없는</u> 말은 무엇인가요? (   )

① 혼내지   ② 칭찬하지
③ 꾸중하지   ④ 야단치지
⑤ 나무라지

5

어휘

적용

이 글에 어울리는 속담으로 알맞은 것은 무엇인가요? (   )

① 쇠귀에 경 읽기
② 피는 물보다 진하다
③ 바늘 도둑이 소도둑 된다
④ 어려울 때 친구가 진짜 친구다
⑤ 부모 말을 들으면 자다가도 떡이 생긴다

어휘 학습

동영상 강의

바늘 도둑이 소도둑 된다

바늘을 훔치던 사람이 계속 반복하다 보면 결국은 소까지도 훔친다는 뜻으로, 작은 나쁜 짓도 자꾸 하게 되면 큰 죄를 저지르게 됨을 비유적으로 이르는 말.

예 ❶ ☐☐ 도둑이 소도둑 된다고, 나쁜 버릇은 바로 고쳐야 해.

답 ❶ (   )

확장

못된 행동과 관련한 속담

못 먹는 감 찔러나 본다

제 것으로 만들지 못할 바에야 남도 갖지 못하게 못쓰게 만들자는 뒤틀린 마음을 이르는 말.

예 못 먹는 ❷ ☐ 찔러나 보는 거야? 네가 사용할 수 없는 물건이라고 망가뜨리면 안 되지.

답 ❷ (   )

못된 송아지 엉덩이에 뿔이 난다

되지못한 것이 엇나가는 짓만 한다는 말.

예 못된 ❸ ☐☐☐ 엉덩이에 뿔이 난다더니, 저 녀석이 미운 짓만 계속하네.

답 ❸ (   )

이해 다음 뜻에 해당하는 속담을 (보기) 에서 찾아 기호를 쓰세요.

> **보기**
> ㉠ 못 먹는 감 찔러나 본다
> ㉡ 바늘 도둑이 소도둑 된다
> ㉢ 못된 송아지 엉덩이에 뿔이 난다

1 되지못한 것이 엇나가는 짓만 한다는 말.   (   )

2 제 것으로 만들지 못할 바에야 남도 갖지 못하게 못쓰게 만들자는 뒤틀린 마음을
이르는 말.   (   )

3 바늘을 훔치던 사람이 계속 반복하다 보면 결국은 소까지도 훔친다는 뜻으로, 작
은 나쁜 짓도 자꾸 하게 되면 큰 죄를 저지르게 됨을 비유적으로 이르는 말.
(   )

적용 자음자를 보고, 다음 상황에 어울리는 속담을 완성하세요.

4 바늘 도둑이 ㅅ도둑 되는 법이니 지금부터 그런 습관은 고치자. (   )

5 다 먹지도 못할 빵을 한 입씩만 먹고 버린다는 것은 ㅁ 먹는 감 찔러나 보는 것과
같은 꼴이야.   (   )

6 못된 송아지 엉덩이에 ㅃ이 난다더니, 너는 얼마 전에도 말썽을 피우더니 이번에
또 사고를 치는구나.   (   )

심화 **7** 다음 글을 읽고, 어울리는 속담에 ○표 하세요.

> 두 여인이 한 아이를 두고 서로 그 아이가 자기 아이라고 주장하였습니다.
> 현명한 솔로몬 왕은 "저 아이를 둘로 나누어 반쪽은 이 여자에게 주고, 다른
> 반쪽은 저 여자에게 주어라." 하고 명령하였습니다. 아이의 진짜 어머니는
> "제가 아이를 포기하겠습니다."라며 눈물을 흘렸습니다. 가짜 어머니는 웃으
> 며 "왕의 말씀대로 아이를 반으로 나누어서라도 저에게 주세요."라고 하였습
> 니다.

(1) 못 먹는 감 찔러나 본다   (   )
(2) 바늘 도둑이 소도둑 된다   (   )

06

핵심어

부모 말을 들으면
자다가도 떡이
생긴다

부모의 말을 잘 듣고 순종하
면 좋은 일이 생긴다는 말.

부모 말을 들으면 자다가도 떡이 생긴답니다

어떤 농부에게 세 아들이 있었어요. 농부는 게으르고 사이가 좋지 않은 세 아들을 항상 걱정했어요. 죽음을 앞둔 농부는 세 아들을 불러 **유언**을 남겼어요.

"애들아, 내가 ㉠평생 소중히 가꾸어 온 보물을 포도밭 깊숙한 곳에 숨겨 놓았단다. 꼭 그것을 찾아서 나누어 가지기를 바란다."

농부가 세상을 떠나자 세 아들은 숨겨진 보물을 찾으려고 포도밭으로 갔어요. 세 아들은 투덜대면서도 삽을 들고 포도밭 여기저기를 열심히 **파헤쳤어요.** 포도밭 구석구석까지 **샅샅이** 찾아보았지만, 아버지께서 말씀하신 보물은 없었어요. 시간이 흐르고 세 아들은 점점 지쳤어요. 그런데 이상하게도, 포도를 **수확**할 때가 되자 알이 굵은 포도가 ⎯⎯㉡⎯⎯ 열리기 시작했어요. 그해 포도 농사는 **대풍년**을 맞았어요.

"아니, 이렇게 포도 농사가 잘되다니!"

"이렇게 달콤한 포도는 처음이야!"

세 아들은 신이 나서 포도를 땄어요. 그러다가 ㉢**문득** 아버지의 유언을 떠올렸어요.

"부모 말을 들으면 자다가도 떡이 생긴다더니, 아버지께서 말씀하신 보물은 이게 아닐까?"

"맞아. 함께 땀을 흘려서 일을 하라는 뜻이었어."

세 아들은 뒤늦게 아버지의 깊은 뜻을 알고 눈물을 흘렸어요. 그리고 함께 포도 농사를 지으며 사이좋게 살았답니다.

5

10

15

20

- **유언** 죽음에 이르러 말을 남김. 또는 그 말.
- **파헤쳤어요** 속에 있는 것이 드러나도록 파서 젖혔어요.
- **샅샅이** 틈이 있는 곳마다 모조리. 또는 빈틈없이 모조리.
- **수확** 익은 농작물을 거두어들임. 또는 거두어들인 농작물.
- **대풍년** 농사가 아주 잘된 풍년.
- **문득** 생각이나 느낌 따위가 갑자기 떠오르는 모양.

1

인물

이 글에 등장하는 인물은 누구누구인지 모두 ○표 하세요.

| 농부 | 어부 | 세 딸 | 세 아들 |

2

내용 이해

이 글의 내용과 다른 것은 무엇인가요? (   )

① 농부는 세 아들에게 유언을 남겼다.

② 세 아들은 포도밭 가장 구석에서 보물을 발견했다.

③ 세 아들은 아버지의 유언을 듣고 포도밭을 파헤쳤다.

④ 농부에게는 게으르고 사이가 좋지 않은 세 아들이 있었다.

⑤ 아버지의 뜻을 깨달은 세 아들은 함께 포도 농사를 지으며 사이좋게 살게 되었다.

3

추론

이 글을 읽고 ㉠을 짐작한 것으로 가장 알맞은 것에 ○표 하세요.

(1) 포도밭에 숨겨 놓은 작은 보석   (   )

(2) 세 아들이 사이좋게 포도 농사를 짓는 것   (   )

(3) 세 아들 중 싸워서 이긴 사람이 포도밭을 차지하는 것   (   )

4

어휘

적용

㉡에 들어갈 말로 가장 알맞은 것은 무엇인가요? (   )

① 찰랑찰랑   ② 울긋불긋

③ 주렁주렁   ④ 철컹철컹

⑤ 덜컹덜컹

5

어휘

관계

㉢과 바꾸어 쓸 수 있는 말은 무엇인가요? (   )

① 처음   ② 오늘

③ 항상   ④ 갑자기

⑤ 힘들게

부모 말을 들으면 자다가도 떡이 생긴다

부모의 말을 잘 듣고 순종하면 좋은 일이 생긴다는 말.

예 ❶ □□ 말을 들으면 자다가도 떡이 생긴다더니, 엄마가 말씀하신 대로 가니까 지름길로 더 빨리 갈 수 있었어.

답 ❶ (   )

확장

가족과 관련한 속담

피는 물보다 진하다

혈육의 정이 깊음을 이르는 말.

예 ❷□는 물보다 진하다더니, 오늘 아침에 형이랑 다투었는데도 운동회에서 형을 응원하게 되더라.

답 ❷ (   )

열 손가락 깨물어 안 아픈 손가락이 없다

혈육은 다 귀하고 소중함을 비유적으로 이르는 말.

예 열 ❸ □□□ 깨물어 안 아픈 손가락이 없다는 말처럼, 엄마에게는 너희 모두가 소중하단다.

답 ❸ (   )

이해 다음 속담과 뜻을 알맞게 선으로 이으세요.

1   피는 물보다 진하다   •   • ㉮ 혈육의 정이 깊음을 이르는 말.

2   열 손가락 깨물어
안 아픈 손가락이 없다   •   • ㉯ 부모의 말을 잘 듣고 순종하면 좋은
일이 생긴다는 말.

3   부모 말을 들으면
자다가도 떡이 생긴다   •   • ㉰ 혈육은 다 귀하고 소중함을 비유적
으로 이르는 말.

적용 다음 밑줄 친 말이 바르게 쓰였으면 ○표, 바르지 않으면 ×표 하세요.

4 '열 손가락 깨물어 안 아픈 손가락이 없다'고 부모님은 너희 형제를 똑같이 사랑하
셔.   (   )

5 '부모 말을 들으면 자다가도 떡이 생긴다'고, 어머니가 말씀하신 대로 하는 것이
너에게도 좋을 거야.   (   )

6 '피는 물보다 진하다'고, 친구가 나보다 좋은 물건을 가지고 있으면 샘이 나서 빼
앗고 싶은 마음이 들 때가 있어.   (   )

심화 **7** 다음 글에서 파란색으로 쓰인 말과 바꾸어 쓸 수 있는 속담을 찾아 기호를 쓰세요.

> 동생과 서로 장난감을 가지고 놀겠다고 싸웠다. 결국 내가 힘으로 빼앗았
> 더니 동생은 "㉠피는 물보다 진하다는데, 어떻게 그럴 수가 있어?"라며 울기
> 시작했다. 동생이 우는 소리에 엄마께서 오셔서는, 나한테 동생이랑 사이좋
> 게 놀아야 한다고 말씀하셨다. 동생도 장난감을 혼자 가지고 놀려고 했는데
> 나한테만 뭐라고 하시니 속상했다. 엄마께 ㉡열 손가락 깨물어 안 아픈 손가
> 락이 없다는데, 왜 동생 편만 드시느냐고 했더니 엄마께서 말씀하셨다.
> "동생 편만 드는 게 아니라 너희가 사이좋게 지내기를 바라는 거야. 엄마
> 는 너희 둘 모두의 편이란다."

(   )

07

벼 이삭은 익을수록 고개를 숙인다

교양이 있고 수양을 쌓은 사람일수록 겸손하고 남 앞에서 자기를 내세우려 하지 않는다는 것을 비유적으로 이르는 말.

- **겸손** 남을 존중하고 자기를 내세우지 않는 태도가 있음.
- **지위**(땅 지 地, 자리 위 位) 개인의 사회적 신분에 따르는 위치나 자리.
- **명예** 세상 사람들로부터 받는 높은 평가와 그에 따르는 영광.
- **교양** 학문, 지식, 사회생활을 바탕으로 이루어지는 품위. 또는 문화에 대한 폭넓은 지식.
- **수양** 몸과 마음을 갈고닦아 품성이나 지식, 도덕 따위를 높은 경지로 끌어올림.

벼 이삭은 익을수록 [　　　]를 숙여요

겨울 동안 얼어붙었던 땅이 녹고 따스한 봄이 되면 논에 벼를 심어요. 이것을 '모내기'라고 해요. 작고 어린 새싹을 논에 심으면 여름 내 쑥쑥 자라서 초록빛 바다를 만들어요. 가을이 되어 벼가 점점 익어 가면 황금빛 들판을 볼 수 있지요. 곡식에서 열매가 열리는 부분을 '이삭'이라고 하는데, 벼는 익을수록 이삭의 무게가 무거워져요. 그래서 벼가 완전히 익을 무렵이면 그 무게를 견디지 못해 고개를 숙인 듯한 자세가 되어요. 이 모습은 마치 ㉠<u>겸손</u>한 사람이 예의 바르게 인사를 하는 모습처럼 보이지요. 껍질만 있고 알맹이가 들어 있지 않은 벼 이삭을 '쭉정이'라고 하는데, 쭉정이 벼는 ㉡<u>가벼워서</u> 키가 자라도 고개를 숙이지 않아요. ⁵ ¹⁰

옛사람들은 익어갈수록 고개를 숙이는 벼 이삭을 보며 사람도 **지위**와 **명예**가 높아질수록 겸손해야 한다는 교훈을 얻었어요. 사람들은 실력이 생기고 지위와 명예가 높아지면 우쭐대며 자신을 뽐내기 마련이에요. 하지만 **교양**이 있고 **수양**을 쌓은 사람은 자기 능력을 자랑하지 않고 더 겸손한 모습을 보여요. 잘 익은 벼일수록 더욱 고개를 숙이는 것과 같지요. 지위와 명예가 높아지면 벼 이삭처럼 자신을 낮출 수 있는 겸손함이 있어야 더 멋진 사람이 된답니다. ¹⁵

1 제목

빈칸에 알맞은 낱말을 넣어 이 글의 제목을 완성하세요.

- 벼 이삭은 익을수록 [　][　]를 숙여요

2 내용 이해

이 글의 내용과 <u>다른</u> 것은 무엇인가요? (   )

① 봄이 되면 논에 벼를 심는다.
② 쭉정이 벼는 키가 자라면 고개를 숙인다.
③ 벼는 익을수록 이삭의 무게가 무거워진다.
④ 벼가 여름에 쑥쑥 자라면 초록색 바다처럼 보인다.
⑤ 가을이 되어 벼가 익으면 황금빛 들판을 볼 수 있다.

3 적용

다음 중 ㉠에 해당하는 사람을 찾아 ○표 하세요.

(1) 피아노 대회에서 상을 받고 온 가족에게 알린 민지 (   )
(2) 시험에서 100점을 맞았다고 자랑하며 우쭐대는 혜주 (   )
(3) 올림픽에서 금메달을 따고도 그저 운이 좋았다고 말한 선수 (   )

4 어휘 관계

㉡과 뜻이 반대되는 낱말로 알맞은 것은 무엇인가요? (   )

① 높아서   ② 숙여서   ③ 익어서
④ 무거워서   ⑤ 만들어서

5 어휘 적용

이 글에 어울리는 속담은 무엇인가요? (   )

① 고래 싸움에 새우 등 터진다
② 똥 묻은 개가 겨 묻은 개 나무란다
③ 벼 이삭은 익을수록 고개를 숙인다
④ 오르지 못할 나무는 쳐다보지도 마라
⑤ 낮말은 새가 듣고 밤말은 쥐가 듣는다

어휘 학습

↓ 핵심어

벼 이삭은 익을수록 고개를 숙인다

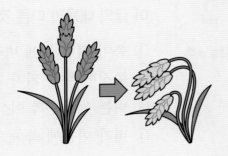

교양이 있고 수양을 쌓은 사람일수록 겸손하고 남 앞에서 자기를 내세우려 하지 않는다는 것을 비유적으로 이르는 말.

예 ① 이삭은 익을수록 고개를 숙인다고, 김 박사님은 갈수록 유명해지시는 데 한결같이 겸손하시다.

답 ❶ ( )

삶의 태도와 관련한 속담

돌다리도 두들겨 보고 건너라

잘 아는 일이라도 세심하게 주의를 하라는 말.

예 ② ☐☐도 두들겨 보고 건너라는 말이 있듯이 아는 길이지만 한 번 더 확인해 보자.

☑ 비슷한 말 **아는 길도 물어 가랬다** 잘 아는 일이라도 세심하게 주의를 하라는 말.

답 ❷ ( )

하늘이 무너져도 솟아날 구멍이 있다

아무리 어려운 경우에 처하더라도 살아 나갈 방도가 생긴다는 말.

예 ③ ☐이 무너져도 솟아날 구멍이 있다고, 이 문제를 해결할 수 있는 방법이 반드시 있을 거야.

답 ❸ ( )

이해 다음 뜻에 해당하는 낱말을 보기 에서 찾아 쓰세요.

보기

| 고개 | 구멍 | 건너라 |

1 잘 아는 일이라도 세심하게 주의를 하라는 말.

→ 돌다리도 두들겨 보고 (　　　　　　)

2 아무리 어려운 경우에 처하더라도 살아 나갈 방도가 생긴다는 말.

→ 하늘이 무너져도 솟아날 (　　　　　　)이/가 있다

3 교양이 있고 수양을 쌓은 사람일수록 겸손하고 남 앞에서 자기를 내세우려 하지 않는다는 것을 비유적으로 이르는 말.

→ 벼 이삭은 익을수록 (　　　　　　)을/를 숙인다

적용 다음 밑줄 친 말이 바르게 쓰였으면 ○표, 바르지 않으면 ×표 하세요.

4 '하늘이 무너져도 솟아날 구멍이 있다'고, 이웃들이 한마음으로 도와줘서 결국 이 일을 해결할 수 있게 되었어.　　　　　　(　　　　　)

5 '벼 이삭은 익을수록 고개를 숙인다'는 말처럼, 조급해하지 말고 한 문제씩 천천히 해결하다 보면 어느새 성적도 올라 있을 거야.　　　　　　(　　　　　)

6 '돌다리도 두들겨 보고 건너라'라는 말이 있듯이, 수학 시험을 볼 때는 쉬운 문제라도 계산을 제대로 했는지 다시 확인하는 것이 좋아.　　　　　　(　　　　　)

심화 **7** 다음 글을 읽고, 어울리는 속담에 ○표 하세요.

> 호랑이는 도끼로 나무를 쾅쾅 찍으면서 올라오기 시작했습니다. 오누이는 호랑이를 피해서 계속 나무 위로 올라갔습니다. 나무 꼭대기까지 다다르자 더는 올라갈 곳이 없었습니다. 오누이는 하늘을 보며 "하느님, 저희를 살려 주세요."라고 기도했습니다. 그러자 하늘에서 스르르 동아줄이 내려왔습니다.

(1) 돌다리도 두들겨 보고 건너라　　　　　　(　　　　　)

(2) 하늘이 무너져도 솟아날 구멍이 있다　　　　　　(　　　　　)

어휘

관용어

관용어는 말버릇처럼 오래 쓰여서 특별한 뜻을 가지게 된 말입니다.

01

꼬리가 길다 ------

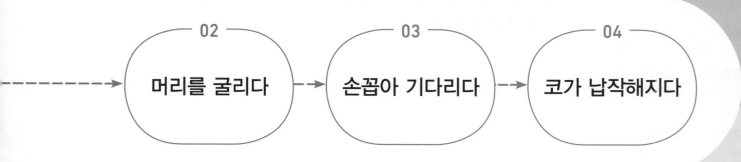

02 머리를 굴리다 → 03 손꼽아 기다리다 → 04 코가 납작해지다

'꼬리가 길다'의 두 가지 뜻

꼬리가 길다

1. 못된 짓을 오래 두고 계속하다.
2. 방문을 닫지 않고 드나들다.

우리말 중에는 '꼬리가 길다'라는 **관용어**가 있어요. 꼬리는 '동물의 **몸뚱이**의 뒤쪽에 가늘고 길게 달려 있거나 나와 있는 것.'을 말해요. 하지만 사실 꼬리가 길다는 말은 꼬리가 긴 동물과는 별로 관계가 없답니다.

'꼬리가 길다'는 두 가지 뜻으로 사용되어요. 첫 번째는 ㉠'못된 짓을 오래 두고 계속하다.'라는 뜻이에요. 여기서 꼬리는 '사람을 찾거나 쫓아갈 수 있을 만한 **흔적**.'이라는 뜻이지요. 못된 짓을 오래 두고 계속해서 들키거나 그럴 것이라는 **경고**를 할 때, '꼬리가 길다'라는 말에 '잡히다'라는 말을 함께 사용해요. 예를 들어 "그 도둑은 꼬리가 길어서 결국 잡혔다."처럼 말할 수 있어요.

두 번째 뜻은 '방문을 닫지 않고 드나들다.'라는 뜻이에요. 어떤 공간에 들어오고 나서 당연히 문을 ㉡닫아야 하는데 문을 닫지 않았을 때, 문을 닫으라는 말을 '꼬리가 길다'라는 말로 **돌려서** 이야기하는 것이지요. 예를 들어 어떤 학생이 교실에 들어올 때 문을 ㉢열어 둔 채 들어왔다면 선생님께서 이렇게 말씀하실 수 있어요.

"누구 꼬리가 이렇게 길까?"

이 말을 들은 학생은 문을 닫을 거예요. "문 닫고 들어와."라는 **명령** 대신 '꼬리가 길다'라는 말을 쓰면 지켜야 하는 예의를 ㉣부드럽게 알려 줄 수 있답니다.

5

10

15

- **관용어** 말버릇처럼 오래 써서 특별한 뜻을 가지게 된 말.
- **몸뚱이** 사람이나 짐승의 팔, 다리, 머리를 제외한 몸의 덩치.
- **흔적** (어떤 것이 있었거나 지나가고) 뒤에 남은 자국.
- **경고** 조심하거나 삼가도록 미리 주의를 줌. 또는 그 주의.
- **돌려서** 듣는 사람의 감정이 상하지 않도록 부드럽게 말해서.
- **명령** 윗사람이 아랫사람에게 시키는 것. 또는 시키는 말.

1

핵심어

이 글에서 가장 중심이 되는 말은 무엇인지 쓰세요.

· ☐☐ 가 ☐☐

2

내용 이해

이 글의 내용과 다른 것은 무엇인가요? (   )

① '꼬리가 길다'는 두 가지 뜻으로 사용된다.

② '꼬리가 길다'는 꼬리가 긴 동물과 관련이 있다.

③ '꼬리가 길다'는 '잡히다'라는 말과 함께 쓸 수 있다.

④ '꼬리가 길다'는 '못된 짓을 오래 두고 계속하다.'라는 뜻으로도 사용된다.

⑤ '꼬리가 길다'는 누군가 문을 닫지 않고 방에 들어왔을 때 문을 닫으라는 말을 돌려서 이야기하는 말이다.

3

적용

다음 밑줄 친 부분이 ㉠에 해당하는 것의 기호를 쓰세요.

> ㉮ 찬 바람이 들어오네. 누구 <u>꼬리가 이렇게 긴</u> 거야?
>
> ㉯ 아직 들키지 않았다고 해도 <u>꼬리가 길면</u> 결국 잡힌다고, 나쁜 짓을 계속하면 언젠가는 벌을 받을 거야.

(   )

4

어휘

관계

㉡과 ㉢의 관계와 다르게 짝 지은 것은 무엇인가요? (   )

① 가다 – 뛰다   ② 길다 – 짧다

③ 붙다 – 떨어지다   ④ 차갑다 – 뜨겁다

⑤ 나가다 – 들어오다

5

어휘

뜻

㉣의 뜻으로 알맞은 것은 무엇인가요? (   )

① 가루 따위가 매우 잘고 곱다.

② 일의 형편이나 동작이 뻑뻑하지 아니하다.

③ 성질이나 태도가 억세지 아니하고 매우 따뜻하다.

④ 닿거나 스치는 느낌이 거칠거나 뻣뻣하지 아니하다.

⑤ 일을 하는 태도나 솜씨가 찬찬하거나 야무지지 못하다.

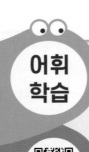

어휘 학습

⊙ 핵심어

꼬리가 길다

1. 못된 짓을 오래 두고 계속하다.

예 ❶☐☐가 길면 밟힌다고, 오랫동안 나쁜 짓을 하더니 결국 잡혔구나.

2. 방문을 닫지 않고 드나들다.

예 아직도 문이 열려 있네. 꼬리가 이렇게 긴 사람이 누구야?

답❶ (   )

확장

꼬리 와 관련한 관용어

꼬리를 내리다

상대편에게 기세가 꺾여 물러서거나 움츠러들다.

예 영철이는 친구에게는 큰소리치면서 선생님 앞에서는 ❷☐☐를 내린다.

답❷ (   )

꼬리를 물다

계속 이어지다.

예 소문이 ❸☐☐를 물고 온 동네에 퍼졌다.

답❸ (   )

이해 **다음 관용어와 뜻을 알맞게 선으로 이으세요.**

1 꼬리가 길다 •

2 꼬리를 물다 •

3 꼬리를 내리다 •

• ㉮ 계속 이어지다.

• ㉯ 상대편에게 기세가 꺾여 물러서거나 움츠러들다.

• ㉰ 못된 짓을 오래 두고 계속하다. 방문을 닫지 않고 드나들다.

적용 **다음 밑줄 친 말이 바르게 쓰였으면 ○표, 바르지 않으면 ×표 하세요.**

4 현수는 형한테는 큰소리쳤지만 아빠 앞에서는 <u>꼬리를 내렸다</u>. ( )

5 사기꾼은 범행이 들통날 처지가 되자 <u>꼬리를 길게</u> 하고 사라졌다. ( )

6 고속도로에는 설날을 맞아 고향으로 향하는 차들이 <u>꼬리를 물고</u> 이어졌다.

( )

심화 **7 다음 글에서 빈칸에 들어갈 알맞은 관용어는 무엇인가요? ( )**

산속의 밤바람은 제법 쌀쌀했어요. 따뜻한 방바닥에 누운 예린이와 예나는 "할머니, 또 재미있는 이야기해 주세요!"라며 할머니를 졸랐어요. 할머니의 이야기는 밤이 깊어가도록 [ ] 이어졌어요.

① 꼬리가 길게 ② 꼬리를 물고
③ 꼬리를 내리고 ④ 꼬리를 밟히고
⑤ 꼬리를 감추고

02

머리를 굴리다

머리를 써서 해결 방안을 생각해 내다.

- **간신히** 겨우 또는 가까스로.
- **도저히** 아무리 하여도.
- **마침내** 드디어 마지막에는.
- **해결** 사건이나 문제를 풀거나 처리하는 것.
- **방안**(모 방 方, 책상 안 案) 일을 처리하거나 해결하여 나갈 방법이나 계획.
- **뾰족한** 꼭 알맞게 느껴지고 두드러지는.
- **의논** 어떤 일에 대하여 서로 의견을 주고받음.

◻◻를 굴린 까마귀

까마귀 한 마리가 너무 목이 말랐어요. 까마귀는 이리저리 날아다니다가 ㉠**간신히** 물이 든 병 하나를 찾아냈어요. 까마귀는 기뻐하며 물을 마시려고 했어요. 하지만 물병 입구가 너무 좁아 물을 마실 수가 없었어요. 까마귀가 아무리 머리를 들이밀어도 ㉡**도저히** 부리가 물에 닿지 않았지요. 게다가 물이 ㉢**조금** 담겨 있어서 물병을 이리저리 굴려도 나올 것 같지 않았어요. 까마귀는 한참 동안 머리를 굴렸어요. 그러다가 ㉣**마침내** 좋은 생각을 떠올렸어요. 까마귀는 여기저기 널려 있는 ㉤**작은** 돌멩이들을 입으로 물어 왔어요. 까마귀가 물병 안에 돌멩이를 하나씩 넣으니 물이 조금씩 위로 올라왔고, 나중에는 물병 입구까지 물이 올라왔어요. 이렇게 해서 까마귀는 목마름을 **해결**할 수 있었답니다. 10

이야기 속의 까마귀처럼 머리를 써서 해결 **방안**을 생각해 내는 것을 '머리를 굴리다'라고 말해요. 이 관용어는 이렇게 사용할 수 있어요.

"아무리 머리를 굴려 보아도 ㉮**뾰족한** 방법이 없어."

"어떻게 하면 이 문제를 풀 수 있는지 머리를 좀 굴려 봐." 15

이와 관련 있는 관용어로 '머리를 맞대다'라는 말도 있어요. '어떤 일을 **의논**하거나 결정하기 위하여 서로 마주 대하다.'라는 뜻이에요. 이 말은 여러 명이 힘을 합쳐 의논하며 머리를 굴릴 때 사용하는 말이 랍니다.

5

---

1 제목

빈칸에 알맞은 낱말을 넣어 이 글의 제목을 완성하세요.

• ◻◻를 굴린 까마귀

2 이 글의 내용과 <u>다른</u> 것은 무엇인가요? (　　　)

내용 이해

① 까마귀는 너무 목이 말랐습니다.

② 까마귀는 간신히 물이 든 병 하나를 찾아냈습니다.

③ 물병 입구가 너무 커서 까마귀는 물을 마실 수 없었습니다.

④ 까마귀는 작은 돌멩이들을 입으로 물어 와 물병 안에 넣었습니다.

⑤ 까마귀는 물이 물병 입구까지 올라오게 해서 목마름을 해결했습니다.

3 이 글을 통해 답을 알 수 있는 질문은 무엇인가요? (　　　)

추론

① 까마귀는 왜 목이 말랐을까?

② 까마귀 부리는 어떻게 생겼을까?

③ '머리를 굴리다'의 뜻은 무엇일까?

④ 다리와 관련 있는 관용어에는 무엇이 있을까?

⑤ 까마귀는 어떻게 배고픔을 해결할 수 있었을까?

어휘

4 ㉠~㉤과 바꾸어 쓸 수 있는 낱말로 알맞지 <u>않은</u> 것은 무엇인가요? (　　　)

관계

① ㉠: 겨우　　　　　② ㉡: 도무지　　　　　③ ㉢: 약간

④ ㉣: 결국　　　　　⑤ ㉤: 커다란

어휘

5 ㉮의 뜻으로 알맞은 것에 ○표 하세요.

뜻

(1) 점차 가늘어져서 날카로운.　　　　　　　　　　　　　　（　　　）

(2) 꼭 알맞게 느껴지고 두드러지는.　　　　　　　　　　　（　　　）

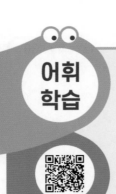
머리를 굴리다

머리를 써서 해결 방안을 생각해 내다.

예 분명히 좋은 방법이 있을 테니 ❶☐☐를 굴려 봐.

답 ❶ (   )

확장

머리와 관련한 관용어

머리를 맞대다

어떤 일을 의논하거나 결정하기 위하여 서로 마주 대하다.

예 우리 가족은 ❷☐☐를 맞대고 이번 주말 계획을 의논했다.

답 ❷ (   )

머리를 식히다

흥분되거나 긴장된 마음을 가라앉히다.

예 공부를 열심히 했으니 잠시 ❸☐☐를 식히고 오는 게 어때?

답 ❸ (   )

이해 다음 뜻에 해당하는 관용어가 되도록 **보기** 에서 낱말을 찾아 쓰세요.

> **보기**
>
> 맞대다   굴리다   식히다

1 머리를 써서 해결 방안을 생각해 내다.

→ 머리를 (   )

2 흥분되거나 긴장된 마음을 가라앉히다.

→ 머리를 (   )

3 어떤 일을 의논하거나 결정하기 위하여 서로 마주 대하다.

→ 머리를 (   )

적용 다음 밑줄 친 말이 바르게 쓰였으면 ○표, 바르지 않으면 ×표 하세요.

4 계속 머리를 굴리다 보니 좋은 방법이 떠올랐다.   (   )

5 잠시 여행을 떠나는 것은 머리를 식히기에 좋다.   (   )

6 백성들은 이순신 장군에게 머리를 맞대며 감사 인사를 했다.   (   )

심화 **7** 다음 글을 읽고, 어울리는 관용어에 ○표 하세요.

> 영주: 국어 공부는 끝났으니 이제 수학 공부할까?
>
> 재민: 잠깐 쉬자. 그래야 더 집중해서 할 수 있을 것 같아. 우리 산책하러 다녀올래?
>
> 영주: 그래, 그러자.

(1) 머리를 굴리다   (   )

(2) 머리를 식히다   (   )

03

손꼽아 기다리다

기대에 차 있거나 안타까운 마음으로 날짜를 꼽으며 기다리다.

손꼽아 기다려요

여러분은 수를 셀 때 손가락을 하나하나 접으면서 세어 본 적이 있지요? 이렇게 손가락을 하나씩 구부려 접으면서 수를 세는 것을 '**손꼽아 세다**'라고 해요. 그렇다면 손꼽아 기다리는 것은 어떤 경우에 쓰는 말일까요?

아마 크리스마스까지 며칠이 남았는지 **기대**하는 마음으로 남은 날짜를 세어 본 적이 있을 거예요. 크리스마스는 사랑하는 사람들과 함께 시간을 보내고 선물을 주고받는 날이기 때문에 모두가 기대하고 기다리는 날이지요. 12월이 되면 크리스마스를 기다리면서 하루에 하나씩 ㉠작은 선물을 열어 보는 '어드벤트 캘린더'라는 달력이 있어요. 어드벤트 캘린더는 1일부터 24일까지 날짜마다 선물이 담겨 있는 특별한 달력이에요. 또 슈톨렌이라는 빵을 12월 초부터 일요일마다 한 조각씩 먹으면서 크리스마스가 오기를 기다리기도 하지요. 이렇게 **설레는** 마음으로 어떤 날을 기다리는 것을 ㉡'손꼽아 기다리다'라고 해요.

"운동회는 우리가 손꼽아 기다리는 날이야."

"나는 동생이 태어나기만을 손꼽아 기다렸어."

위와 같은 상황에서도 쓰이는 '손꼽아 기다리다'라는 말은 '기대에 차 있거나 **안타까운** 마음으로 날짜를 꼽으며 기다리다.'라는 뜻의 말이에요.

5

10

15

- **손꼽아** 손가락을 하나씩 고부리며 수를 헤아려.
- **기대** 어떤 일이 원하는 대로 이루어지기를 바라면서 기다림.
- **설레는** 마음이 가라앉지 아니하고 들떠서 두근거리는.
- **안타까운** 뜻대로 되지 않거나 보기에 딱하여 가슴이 아프고 답답한.

1

설명 대상

이 글에서 설명하는 관용어에 ○표 하세요.

• 손꼽아 (미루다, 기다리다)

2 글쓴이가 이 글을 쓴 까닭은 무엇인가요? (   )

의도

① 관용어의 뜻을 설명하려고

② 가족들에게 안부를 전하려고

③ 달력을 만드는 방법을 설명하려고

④ 크리스마스에 먹는 빵을 알려 주려고

⑤ 관용어를 자주 써야 한다고 주장하려고

3 이 글을 통해 답을 알 수 있는 질문의 기호를 쓰세요.

추론

㉮ 어드벤트 캘린더란 무엇인가요?

㉯ 우리나라에는 어떤 명절이 있나요?

㉰ 크리스마스에는 어떤 음식을 먹나요?

(   )

어휘

4 ㉠과 반대되는 뜻의 낱말은 무엇인가요? (   )

관계

① 큰   ② 빠른   ③ 두꺼운

④ 가벼운   ⑤ 구부러진

어휘

5 다음 중 ㉡을 <u>잘못</u> 사용한 친구는 누구인가요? (   )

적용

① 채원: 나는 방학만 손꼽아 기다리고 있어.

② 은채: 엄마랑 쇼핑가는 날이 손꼽아 기다려져.

③ 윤진: 저번에 다녀온 가족 여행이 손꼽아 기다려져.

④ 지민: 우리나라에는 설날을 손꼽아 기다리는 사람들이 많아.

⑤ 정국: 나한테는 체험학습 날이 가장 손꼽아 기다려지는 날이야.

어휘
학습

동영상 강의

손꼽아 기다리다

기대에 차 있거나 안타까운 마음으로 날짜를 꼽으며 기다리다.

예 나는 할아버지 댁에 가는 날을 ❶ ☐☐☐ 기다린다.

답 ❶ (   )

손과 관련한 관용어

손이 크다

씀씀이가 후하고 크다.

예 할머니는 ❷ 이 크셔서 항상 음식을 푸짐하게 하신다.

답 ❷ (   )

손을 맞잡다

서로 뜻을 같이 하여 긴밀하게 협력하다.

예 우리는 사이가 좋지 않았지만 그 문제를 해결하기 위해 ❸ 을 맞잡았다.

답 ❸ (   )

이해 다음 관용어와 뜻을 알맞게 선으로 이으세요.

1 손이 크다 •

2 손을 맞잡다 •

3 손꼽아 기다리다 •

• ㉮ 서로 뜻을 같이 하여 긴밀하게 협력하다.

• ㉯ 씀씀이가 후하고 크다.

• ㉰ 기대에 차 있거나 안타까운 마음으로 날짜를 꼽으며 기다리다.

적용 다음 밑줄 친 말이 바르게 쓰였으면 ○표, 바르지 <u>않으면</u> ×표 하세요.

4 나는 소풍 가는 날을 <u>손꼽아 기다리고</u> 있다. ( )

5 어머니는 <u>손이 크셔서</u> 음식을 할 때마다 항상 모자란다. ( )

6 두 회사는 <u>손을 맞잡고</u> 새로운 제품을 개발하기로 했다. ( )

심화 **7** 다음 빈칸에 들어갈 알맞은 관용어는 무엇인가요? ( )

평소에 사이가 좋지 않던 두 사람이 있었어요. 그런데 두 사람이 꼭 힘을 합쳐야 하는 일이 생겼어요. 고민 끝에 두 사람은 서로 [   ] 문제를 해결하기로 했지요. 두 사람은 서로를 격려하며 끝까지 함께 노력했고, 결국 문제를 해결할 수 있었어요. 그리고 둘도 없는 친구가 되었답니다.

① 손이 크고　　　　　　　　　② 손을 떼고

③ 손을 씻고　　　　　　　　　④ 손을 맞잡고

⑤ 손에 잡히고

04

코가 납작해진 [　　　　　]

옛날 옛적에, 토끼와 거북이 살았어요. 토끼는 아주 빨리 뛸 수 있었지만, 거북은 걷는 것도 느렸어요. **코가 높은** 토끼는 자신보다 느린 거북을 무시하고 놀려 댔지요. 그러던 어느 날 거북이 토끼에게 달리기 경주를 하자고 했어요. 토끼는 **코웃음을 치며** 좋다고 했지요. 달리기 경주가 시작되었을 때, 토끼가 예상대로 앞서 나가기 시작했어요. 거북은 토끼를 따라가기에는 너무 느렸지요. 빠르게 달려가던 토끼는 거북이 한참 뒤에 있다는 것에 안심하고 잠시 낮잠을 잤어요. 그런데 푹 자고 일어난 토끼는 깜짝 놀랐어요. 거북이 토끼보다 앞서 가고 있었기 때문이에요. 토끼는 뒤늦게 열심히 뛰어 보았지만, 거북을 이길 수는 없었어요. 거북이 **승리**하자 토끼의 [　　ㄱ　　]. 　　10

'코'는 사람의 **기세**나 **자존심**을 빗대는 말로 사용되어요. 잘난 체하고 뽐내는 것을 '코가 높다'라고 말해요. '코웃음을 치다'라는 말은 남을 깔보고 비웃는 것을 뜻해요. 또, '코가 납작해지다'라는 말에는 '몹시 창피를 당하거나 기가 죽다.'라는 뜻이 있어요. 토끼와 거북의 달리기 경주에서 잘난 척하며 뽐내던 토끼는 거북에게 지는 망신을 당하고 기가 죽었어요. 이런 상황에서 '토끼의 코가 납작해졌다'라고 말할 수 있답니다. 　　15

5

- **코가 높은** 잘난 체하고 뽐내는 기세가 있는.
- **코웃음을 치며** 남을 깔보고 비웃으며.
- **승리** 겨루어서 이김.
- **기세** 기운차게 뻗치는 모양이나 상태.
- **자존심**(스스로 자 自, 높을 존 尊, 마음 심 心) 남에게 굽히지 아니하고 자신의 품위를 스스로 지키는 마음.

1

제목

빈칸에 알맞은 낱말을 넣어 이 글의 제목을 완성하세요.

- 코가 납작해진 [　][　]

2 이 글의 특징으로 알맞은 것은 무엇인가요? (   )

글의 특징

① 코를 소중히 여겨야 한다고 주장하고 있다.

② 귀와 관련한 속담에 대하여 이야기하고 있다.

③ 실제로 있었던 이야기를 통해 교훈을 주고 있다.

④ 이야기를 통해 코와 관련한 관용어를 소개하고 있다.

⑤ 다른 사람을 함부로 놀리면 안 된다고 주장하고 있다.

3 토끼와 거북의 달리기 경주에 대한 설명으로 알맞지 <u>않은</u> 것은 무엇인가요? (   )

세부 내용

① 처음에는 토끼가 더 빨랐습니다.

② 마지막에는 거북이 토끼를 앞서 나갔습니다.

③ 결국 달리기 경주에서 토끼가 승리하였습니다.

④ 토끼는 달리기 경주를 하던 중에 낮잠을 잤습니다.

⑤ 거북은 토끼에게 달리기 경주를 하자고 하였습니다.

어휘

4 다음 관용어와 뜻을 알맞게 선으로 이으세요.

뜻

(1)   **코가 높다**   •

(2)   **코웃음을 치다**   •

• ㉮ 남을 깔보고 비웃다.

• ㉯ 잘난 체하고 뽐내는 기세가 있다.

어휘

5 ㉠에 들어갈 말로 알맞은 것은 무엇인가요? (   )

적용

① 코가 빠졌지요

② 코가 꿰였지요

③ 코가 솟았지요

④ 코가 납작해졌지요

⑤ 코가 땅에 닿았지요

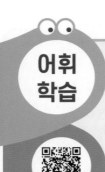

어휘
학습

코가 납작해지다

몹시 창피를 당하거나 기가 죽다.

예 경기에서 지고 나니 자신만만했던 선수들의 ❶ 가 납작해졌다.

답 ❶ (   )

확장

코와 관련한 관용어

코가 꿰이다

약점이 잡히다.

예 태오는 아윤이한테 ❷ 가 꿰여서 꼼짝도 못 한다.

답 ❷ (   )

콧등이 시큰하다

어떤 일에 감격하거나 슬퍼서 눈물이 나오려 하다.

예 친구들과 작별 인사를 나누자 나도 모르게 ❸ ☐ 이 시큰해졌다.

답 ❸ (   )

이해 다음 관용어의 뜻을 보기 에서 찾아 기호를 쓰세요.

> **보기**
> ㉠ 약점이 잡히다.
> ㉡ 몹시 창피를 당하거나 기가 죽다.
> ㉢ 어떤 일에 감격하거나 슬퍼서 눈물이 나오려 하다.

1 코가 꿰이다 ( )

2 콧등이 시큰하다 ( )

3 코가 납작해지다 ( )

적용 자음자를 보고, 다음 상황에 어울리는 관용어를 완성하세요.

4 슬픈 영화를 보고 나니 ㅋㄷ 이/가 시큰해졌다. ( )

5 너는 예나한테 무슨 ㅋ 이/가 꿰였길래 찍소리도 못 하니? ( )

6 잘난 척을 했지만 결국 팔씨름에 진 시우는 코가 ㄴㅈ 해졌습니다.

( )

심화 **7** 다음 글을 읽고, 어울리는 관용어에 ◯표 하세요.

> 하은이는 부모님의 직장을 따라 다른 곳으로 전학을 가게 되었습니다. 수업이 모두 끝나고, 하은이는 친구들에게 작별 인사를 건넸습니다. 마지막으로 하은이의 가장 친한 친구인 이서가 다가와서 "네가 떠나면 정말 보고 싶을 거야."라고 말했습니다. 하은이의 눈에는 눈물이 맺혔습니다.

(1) 코가 꿰이다 ( )

(2) 콧등이 시큰하다 ( )

어법

어법은 말을 사용하는 바른 규칙입니다. 어법에 맞는 말을 사용해야
정확하게 뜻을 전달할 수 있습니다.

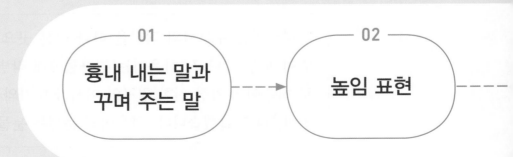

01
흉내 내는 말과
꾸며 주는 말

02
높임 표현

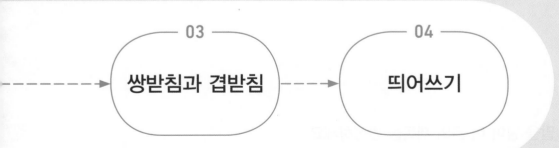

03 쌍받침과 겹받침 ----→ 04 띄어쓰기

〔   〕말과 꾸며 주는 말

핵심어

흉내 내는 말과 꾸며 주는 말

• **흉내 내는 말**: 사람이나 사물의 소리나 모습을 나타내는 말.
• **꾸며 주는 말**: 뒤에 오는 말을 꾸며 주어 뜻을 자세하게 해 주는 말.

우리말에는 흉내 내는 말과 꾸며 주는 말이 있어서 겪은 일이나 생각을 더욱 생생하고 **정확**하게 **전달**할 수 있어요.

흉내 내는 말은 사람이나 **사물**의 소리나 모습을 나타내는 말이에요. 흉내 내는 말에는 두 가지 종류가 있어요. 첫 번째는 '깡충깡충'이나 '뒤뚱뒤뚱'처럼 '모양을 흉내 내는 말'이고, 두 번째는 '멍멍'이나 '짹짹'처럼 ㉠'소리를 흉내 내는 말'이에요. 5

'오리가 소리를 내며 걸어간다.'라는 **문장**보다 '오리가 꽥꽥 소리를 내며 뒤뚱뒤뚱 걸어간다.'라는 문장이 훨씬 생생하고 **실감** 나지요? 이처럼 흉내 내는 말을 사용하면 느낌을 생생하게 표현할 수 있고, 더욱 재미있고 실감 나는 글을 쓸 수 있어요. 더 자세하게 표현할 수도 10 있지요.

꾸며 주는 말은 뒤에 오는 말을 꾸며 주어 뜻을 자세하게 해 주는 말이에요. '노란 나비가 팔랑팔랑 날아간다'에서 '노란'과 '팔랑팔랑'은 꾸며 주는 말이에요. '팔랑팔랑'과 같은 흉내 내는 말도 꾸며 주는 말로 쓰여요. 15

'커다란 나무에 하얀 꽃이 활짝 피었다.'에서는 '커다란'과 '하얀', '활짝'이 꾸며 주는 말이에요. 이렇게 한 문장에서 꾸며 주는 말을 여러 개 쓸 수도 있어요. 꾸며 주는 말을 쓰면 자신의 생각을 정확하게 나타낼 수 있어요. 또 느낌을 실감 나게 표현할 수 있답니다.

• **정확** 바르고 확실함.
• **전달** (무엇을) 받게 하는 것.
• **사물**(일 사 事, 만물 물 物) 세상의 온갖 것.
• **문장** 생각을 말로 표현할 때 하나의 정리된 뜻을 나타내는 말의 단위.
• **실감**(열매 실 實, 느낄 감 感) 실제로 체험하는 느낌.

1

제목

빈칸에 알맞은 말을 넣어 이 글의 제목을 완성하세요.

•〔 〕〔 〕〔 〕〔 〕 말과 꾸며 주는 말

2 이 글의 내용과 <u>다른</u> 것은 무엇인가요? (   )

내용 이해

① 흉내 내는 말에는 두 종류가 있다.

② '짹짹'이나 '멍멍'은 소리를 흉내 내는 말이다.

③ 꾸며 주는 말은 한 문장에 한 개만 써야 한다.

④ 모양을 흉내 내는 말에는 '깡충깡충', '뒤뚱뒤뚱' 등이 있다.

⑤ 꾸며 주는 말을 사용하면 자신의 생각을 정확하게 나타낼 수 있다.

3 이 글을 읽고 생각한 것으로 알맞은 것의 기호를 쓰세요.

추론

> ㉠ 흉내 내는 말을 사용해서 동시를 쓰면 더 재미있는 시가 되겠어.
>
> ㉡ '하얀 꽃이 활짝 피었다.'에서 '하얀'은 모양을 흉내 내는 말이야.
>
> ㉢ 일기를 쓸 때 꾸며 주는 말을 사용하면 느낌을 실감 나게 표현하기 어려울 것 같아.

(   )

4 ㉠에 해당하지 <u>않는</u> 것은 무엇인가요? (   )

적용

① 으앙으앙   ② 아삭아삭

③ 야옹야옹   ④ 칙칙폭폭

⑤ 갸우뚱갸우뚱

5 다음 문장에 쓰인 말 중에서 꾸며 주는 말이 <u>아닌</u> 것은 무엇인가요? (   )

적용

> 넓고 푸른 바다에 커다란 배가 둥둥 떠다닌다.

① 넓고   ② 푸른

③ 바다   ④ 커다란

⑤ 둥둥

Q 바르게 말한 친구는 누구인가요?

나는 귀여운 파란 새!

❶ '파란'은 '새'를 꾸며 주는 말 이야.

내가 '깡충깡충'이라고 소리를 낸다고?

❷ '깡충깡충'은 소리를 흉내 내 는 말이야.

⊙ 흉내 내는 말

사람이나 사물의 소리나 모습을 나타내는 말.

❶ 모양을 흉내 내는 말

- 사람이나 사물의 모양이나 움직임을 흉내 내는 말. '대롱대롱', '엉금엉금', '번쩍번 쩍' 등이 있음.

  예 아장아장: 키가 작은 사람이나 짐승이 이리저리 찬찬히 걷는 모양.

  → 아기가 아장아장 걷는다.

❷ 소리를 흉내 내는 말

- 사람이나 사물의 소리를 흉내 내는 말. '짹짹', '멍멍', '땡땡', '우당탕', '풍덩' 등이 있음.

  예 쿵쿵: 크고 무거운 물건이 잇따라 바닥이나 다른 물건 위에 떨어지거나 부딪쳐 나는 소리.

  → 윗집에서 쿵쿵 소리가 났다.

⊙ 꾸며 주는 말

뒤에 오는 말을 꾸며 주어 뜻을 자세하게 해 주는 말.

- '빠른', '커다란', '주룩주룩' 등이 있음.

  예 예쁜: 생긴 모양이 아름다워 눈으로 보기에 좋은.

  → 오늘 예쁜 모자를 썼구나.

이해 다음 흉내 내는 말과 종류를 알맞게 선으로 이으세요.

1 쨍그랑 ·

2 방긋방긋 ·

3 무럭무럭 ·

· ㉮ 모양을 흉내 내는 말

· ㉯ 소리를 흉내 내는 말

적용 빈칸에 들어갈 낱말을 보기 에서 찾아 쓰세요.

보기
세찬   좁은   달콤한   사르르   개굴개굴   웅성웅성

4 (   ) 생크림 케이크가 입 안에서 (   ) 녹았다.

5 아이들이 (   ) 복도에 모여서 (   ) 떠들고 있다.

6 (   ) 비가 한바탕 내리고 나니 개구리가 (   ) 운다.

심화 7 ㉠~㉤에서 꾸며 주는 말이 <u>아닌</u> 것의 기호를 쓰세요.

창문으로 들어오는 환한 ㉠햇살에 잠에서 깼다. 창밖으로는 ㉡파란 하늘이 보이고 흰 구름이 ㉢둥실 떠 있었다. 오늘은 놀이공원으로 소풍을 가는 날이다. 나는 설레는 마음으로 집을 나섰다. 학교 가는 길에 만난 이현이가 ㉣생글생글 웃고 있었다. 이현이도 기분이 무척 좋은가 보다. 이현이와 함께 걷고 있는데 도준이가 저 멀리서 ㉤쿵쿵 발소리를 내며 뛰어왔다.

(   )

02

높임 표현

대상을 높이기 위한 표현으로, 대상을 공경하는 마음이 담겨 있음.

- **발달** 학문, 기술, 문명, 사회 따위의 현상이 보다 높은 수준에 이름.

- **공경** 공손히 받들어 모심.

- **웃어른** 나이, 지위, 신분 등이 자기보다 높아서 모셔야 하는 어른.

- **해당** 어떤 범위나 조건 따위에 바로 들어맞음.

- **진지** '밥'의 높임말.

- **생신**(날 생 生, 날 신 辰) '생일'을 높여 이르는 말.

높임 표현

우리말은 높임 표현이 잘 **발달**되어 있어요. 높임 표현은 대상을 높이기 위한 표현이에요. 높임 표현에는 대상을 **공경**하는 마음이 담겨 있어요.

높임 표현을 사용하는 경우는 여러 가지가 있어요. 먼저 듣는 사람이 말하는 사람보다 **웃어른**일 때 사용해요. "어머니, 정말 맛있어요." 처럼 말이에요. 또한 듣는 사람이 웃어른이 아니더라도 여러 명일 때는 높임 표현을 사용해요. 그다음으로 행동하는 사람이 말하는 사람보다 웃어른일 때 사용해요. "아버지께서 노래를 부르셔."처럼 말이에요. 마지막으로 '누구에게'에 **해당**하는 사람이 말하는 사람보다 웃어른일 때 사용해요. "할아버지께 선물을 드렸어."처럼 말이지요.

높임 표현을 사용하는 방법에도 여러 가지가 있어요. 첫째, '-습니다' 또는 '-요'를 써서 문장을 끝맺어요. 둘째, 높임을 나타내는 '-시-'를 넣어요. 셋째, 높임의 대상에게 '께서'나 '께'를 사용해요. 넷째, '**진지**', '**생신**'과 같은 ㉠높임의 뜻이 있는 특별한 낱말을 사용해요.

이렇게 높임 표현은 말하는 대상이나 대화하는 상대방이 누구인지에 따라 알맞게 써야 해요. 우리 모두 알맞은 높임 표현을 사용하여 예의 바른 어린이가 되어 보아요.

5

10

15

1

설명 대상

이 글에서 설명하는 것은 무엇인지 쓰세요.

· ☐☐ 표현

2 이 글의 내용과 다른 것은 무엇인가요? ( )

내용 이해

① 높임의 뜻이 있는 특별한 낱말이 있다.

② 여러 명이 듣고 있을 때는 높임 표현을 사용한다.

③ 상대방에 관계없이 모두 높임 표현을 사용하여야 한다.

④ 듣는 사람이 말하는 사람보다 웃어른일 때 높임 표현을 사용한다.

⑤ '누구에게'에 해당하는 사람이 말하는 사람보다 웃어른일 때 높임 표현을 사용한다.

3 높임 표현을 바르게 사용한 친구는 누구인가요? ( )

적용

① 나연: 어머니에게 물어봤어.

② 태연: 할아버지, 밥 먹으세요.

③ 진구: 선생님께서 너를 부르셔.

④ 강준: 오늘은 할머니 생일이야.

⑤ 원영: 이건 아버지가 준 선물이야.

4 ㉠에 해당하는 낱말을 잘못 짝 지은 것은 무엇인가요? ( )

관계

① 집 – 댁

② 말 – 말씀

③ 나이 – 연세

④ 자다 – 주무시다

⑤ 아프다 – 불편하다

5 다음 문장에서 높임 표현이 잘못된 부분에 모두 ○표 하세요.

적용

> 할머니에게 선물을 줄 거야.

어법
학습

동영상 강의

🔽 핵심어

Q 할아버지께 어떻게 말씀드려야 할까요?

할아버지,
밥 먹어.

할아버지,
진지 잡수세요.

❶ 할아버지, 밥 먹어.

❷ 할아버지, 진지 잡수세요.

◯ 높임 표현

대상을 높이기 위한 표현으로, 대상을 공경하는 마음이 담겨 있음.

❶ 높임 표현을 사용하는 경우

- 듣는 사람이 말하는 사람보다 웃어른일 때

  예 어머니, 정말 맛있어요.

- 행동하는 사람이 말하는 사람보다 웃어른일 때

  예 선생님께서 교실에 들어오신다.

- '누구에게'에 해당하는 사람이 말하는 사람보다 웃어른일 때

  예 할머니께 드릴 선물이야.

❷ 높임 표현을 사용하는 방법

- '-습니다' 또는 '-요'를 써서 문장을 끝맺음.

  예 아버지, 이게 뭐예요?

- 높임을 나타내는 '-시-'를 넣음.

  예 선생님께서 부르시네요.

- 높임의 대상에게 '께서'나 '께'를 사용함.

  예 할머니께서 만드신 간식이야.

- 높임의 뜻이 있는 특별한 낱말을 사용함.

  예 할아버지, 생신 축하드려요.

이해 높임 표현이 바르면 ○표, 바르지 <u>않으면</u> ×표 하세요.

1 어머니, 학교에 다녀올게.　　　　　　　　　　　　　　(　　)

2 할머니가 만든 김치는 정말 맛있다.　　　　　　　　　(　　)

3 재희는 편찮으신 어머니를 모시고 병원에 갔다.　　　(　　)

적용 빈칸에 들어갈 알맞은 높임 표현을 보기 에서 찾아 쓰세요.

> 보기
>
> | 댁 | 말씀 | 병환 |

4 아버지의 (　　　　)이 옳았다.

5 할아버지의 (　　　　)이 조금 나아졌다.

6 오늘은 할머니 (　　　　)에 가기로 한 날이다.

심화 **7** ㉠~㉤ 중에서 높임 표현을 잘못 사용한 것의 기호를 쓰세요.

> ㉠할머니께서 혜주네 집에 ㉡왔다. 오늘 할머니의 ㉢생신을 맞아 혜주네 가족과 함께 저녁 식사를 하기로 하셨기 때문이다.
> "할머니, 어서 오셔서 ㉣진지 잡수세요."
> "그래. 혜주야, 고맙구나."
> 혜주는 할머니께서 자리에 ㉤앉으시자 케이크를 가져왔다.

　　　　　　　　　　　　　　　　　　　　　　　(　　　　)

쌍받침과 ☐☐☐의 소리

한글에는 모음 글자 아래 받쳐 쓰는 **자음자**인 받침이 있어요. 받침 중에 같은 자음자가 겹쳐서 된 받침을 '쌍받침'이라고 해요. 쌍받침에는 'ㄲ'과 'ㅆ' 두 개가 있어요. '낚시'가 [낙씨]로 소리 나는 것처럼, 쌍받침 'ㄲ'은 [ㄱ]으로 소리가 나고, '갔다'가 [갇따]로 소리 나는 것처럼, 쌍받침 'ㅆ'은 [ㄷ]으로 소리가 나요. 그리고 뒤에 오는 자음은 **된소리** [ㄲ, ㄸ, ㅃ, ㅆ, ㅉ]가 나지요. 쌍받침 뒤에 모음이 오면, '있어요'가 [이써요]로 소리 나는 것처럼 ㉠쌍받침이 뒤 글자의 첫소리로 옮겨 가 소리가 나요.

받침 중에서 'ㄳ', 'ㄵ', 'ㄺ', 'ㄽ', 'ㄻ', 'ㄼ', 'ㄾ', 'ㄿ', 'ㅄ' 등과 같이 서로 다른 두 개의 자음으로 이루어진 받침을 '겹받침'이라고 해요. 겹받침은 경우에 따라 두 개의 자음 중 하나로 소리가 나요. 'ㄳ', 'ㄵ', 'ㄽ', 'ㄾ', 'ㅄ'은 앞의 자음으로 소리가 나고, 'ㄻ'과 'ㄿ'은 뒤의 자음으로 소리가 나요. 'ㄺ'과 'ㄼ'은 경우에 따라 다르게 소리가 나요. 겹받침 뒤에 자음이 오면 뒤에 있는 자음은 된소리가 나요. 예를 들어 '앉다'가 [안따]로 소리 나는 것과 같이, 겹받침 'ㄵ' 뒤에 'ㄱ, ㄷ, ㅂ, ㅅ, ㅈ'이 오면 받침은 [ㄴ]으로 소리가 나고 뒤에 오는 자음은 된소리로 소리가 난답니다. 겹받침 뒤에 모음이 오면 '읽어'가 [일거]로 소리 나는 것과 같이, 앞에 있는 자음은 남고 뒤에 있는 자음은 뒤 글자의 첫소리로 옮겨 가 소리가 나요.

5

10

15

1

제목

빈칸에 알맞은 말을 넣어 이 글의 제목을 완성하세요.

• 쌍받침과 ☐☐☐의 소리

2
세부 내용

설명 대상과 그 뜻을 알맞게 선으로 이으세요.

(1)　**겹받침**　•

(2)　**쌍받침**　•

• ㉮ 같은 자음자가 겹쳐서 된 받침.

• ㉯ 서로 다른 두 개의 자음으로 이루어진 받침.

3
추론

이 글을 통해 답을 알 수 있는 질문이 <u>아닌</u> 것은 무엇인가요? (　　　)

① 겹받침은 무엇일까?

② 쌍받침은 몇 개가 있을까?

③ '갔어'의 소리는 어떻게 날까?

④ '앉다'의 소리는 어떻게 날까?

⑤ 받침을 사용하는 까닭은 무엇일까?

4
적용

㉠에 해당하는 경우가 <u>아닌</u> 것은 무엇인가요? (　　　)

① 꺾어[꺼꺼]　　　② 했어[해써]

③ 샀다[삳따]　　　④ 깎아[까까]

⑤ 왔어[와써]

5
적용

다음 낱말을 바르게 소리 내어 읽은 것에 ◯표 하세요.

(1) 닦고　→　[닥고 / 닥꼬]

(2) 얹다　→　[언다 / 언따]

어법 학습

동영상 강의

Q 나는 받침 'ㄲ'이에요. 내 모자는 무엇일까요?

① 겹받침 　　② 쌍받침

◯ 쌍받침

같은 자음자가 겹쳐서 된 받침.

❶ 받침 'ㄲ', 'ㅆ' 뒤에 자음 'ㄱ, ㄷ, ㅂ, ㅅ, ㅈ'이 올 때 소리: 받침 'ㄲ'은 [ㄱ], 받침 'ㅆ' 은 [ㄷ]으로 소리 나고 뒤에 오는 자음자는 된소리가 남.

　例 낚시[낙씨], 닦다[닥따], 샀고[삳꼬], 갔다[갇따]

❷ 받침 'ㄲ', 'ㅆ' 뒤에 모음이 올 때 소리: [ㄲ]과 [ㅆ] 소리가 뒤 글자의 첫소리로 옮겨 감.

　例 묶어[무꺼], 갔어[가써]

◯ 겹받침

서로 다른 두 개의 자음으로 이루어진 받침.

❶ 앞의 자음으로 소리 나는 것: 'ㄳ', 'ㄵ', 'ㄽ', 'ㄾ', 'ㅄ'

　例 값[갑], 몫[목], 앉다[안따]

❷ 뒤의 자음으로 소리 나는 것: 'ㄻ', 'ㄿ'

　例 젊다[점따], 읊다[읍따]

❸ 경우에 따라 다르게 소리 나는 것: 'ㄺ', 'ㄼ'

　例 맑게[말께], 맑다[막따], 밟다[밥따], 넓다[널따]

• 겹받침 뒤에 자음 'ㄱ, ㄷ, ㅂ, ㅅ, ㅈ'이 오면 뒤에 있는 자음은 된소리가 남.

• 겹받침 뒤에 모음이 오면 앞에 있는 자음은 남고 뒤에 있는 자음은 뒤 글자의 첫소리로 옮겨 가 소리가 남.

이해 다음 낱말과 소리를 알맞게 선으로 이으세요.

1 낚시 •   • ㉮ [점따]

2 긁어 •   • ㉯ [글거]

3 젊다 •   • ㉰ [낙씨]

적용 밑줄 친 부분을 소리 나는 대로 바르게 쓴 것에 ○표 하세요.

4 쓰레기는 <u>묶어</u> 버려야지.   [무꺼 / 묵거]

5 어제는 피곤해서 일찍 <u>잤다</u>.   [자따 / 잗따]

6 우리 간식으로 계란 <u>삶아</u> 먹을까?   [삼마 / 살마]

심화 **7** ㉠과 ㉡을 소리 나는 대로 쓰세요.

> 오늘은 가족과 자전거를 타러 공원에 가기로 한 날이다. 아침밥을 든든히 먹고 일찍 집을 나섰다. 공원에는 벌써 새싹들이 돋아나 봄을 알리고 있었다. 우리 가족은 무릎과 팔꿈치에 보호대를 차고 헬멧을 쓴 뒤, 공원의 자전거 도로에서 자전거를 ㉠<u>탔다</u>. 바람을 맞으며 자전거를 타는 기분이 정말 상쾌했다. 자전거를 타다가 힘이 들 때는 잠깐씩 벤치에 ㉡<u>앉아</u> 쉬기도 했다.

(1) ㉠: [   ]

(2) ㉡: [   ]

04

띄어쓰기

글을 쓸 때 한글 맞춤법에 따라 어떤 말을 앞말과 띄어 쓰는 일.

올바른 띄어쓰기 방법

'이불을덮는다.'가 무슨 뜻일까요? '이불'을 덮으면 아주 **포근하지만**, '이 불'을 덮으면 큰일이 나겠지요? 이렇게 띄어쓰기를 제대로 하지 않으면 문장이 어떤 뜻인지 정확하게 알 수 없어요. 띄어쓰기에 따라 문장의 뜻이 완전히 달라지기 때문이에요.

그럼 띄어쓰기는 어떻게 해야 할까요? 우리나라에서는 띄어쓰기를 '한글 **맞춤법**'으로 정해 두고 있어서 그대로 띄어쓰기를 해야 해요. 다음 문장을 살펴보면서 올바른 띄어쓰기 방법을 알아보아요.

5

> 나는∨밥을∨먹는다.
> 고양이∨한∨마리가∨있다.

10

첫째, 낱말과 낱말 사이는 띄어 써야 해요. 위의 문장에서 '나', '밥', '먹는다', '고양이', '한', '마리', '있다'가 낱말에 해당하지요. 둘째, '은/는', '이/가', '을/를', '의' 등과 같은 말은 앞말에 붙여 써야 해요. 이 말들은 사람이나 사물의 이름을 나타내는 말 뒤에 붙는 말이에요. 셋째, 수를 나타내는 말과 **단위**를 나타내는 말 사이는 띄어 써야 해요. 위의 문장에서는 수를 나타내는 말인 '한'과 단위를 나타내는 말인 '마리'를 띄어 썼어요.

15

띄어쓰기를 바르게 하면 자신이 전하고 싶은 말을 읽는 이에게 제대로 전할 수 있어요. 띄어쓰기 방법을 잘 기억해 두고, 띄어쓰기를 올바르게 하는 습관을 길러 보아요.

20

- **포근하지만** 도톰한 물건이나 자리 따위가 보드랍고 따뜻하지만.
- **맞춤법** 말을 글자로 적을 때에 바르게 쓰기 위해 정해진 규칙.
- **단위**(홑 단 單, 자리 위 位) 어떤 양을 비교하거나 계산하는 데 기초가 되는 수·양·무게의 일정한 기준.

1
핵심어

이 글에서 가장 중심이 되는 낱말은 무엇인지 쓰세요.

2

내용 이해

이 글의 내용과 맞는 것에는 ○표, 맞지 <u>않는</u> 것에는 ×표 하세요.

(1) 띄어쓰기에 따라 문장의 뜻은 달라지지 않는다. ( )

(2) 우리나라는 띄어쓰기를 '한글 맞춤법'으로 정해 두고 있다. ( )

(3) 띄어쓰기를 제대로 하지 않으면 문장이 어떤 뜻인지 정확하게 알 수 없다. ( )

3

세부 내용

띄어쓰기를 하는 방법으로 알맞지 <u>않은</u> 것은 무엇인가요? ( )

① '의'는 앞말과 띄어 쓴다.

② '은/는'은 앞말에 붙여 쓴다.

③ 낱말과 낱말 사이는 띄어 쓴다.

④ '을/를'은 사물의 이름을 나타내는 말에 붙여 쓴다.

⑤ 수를 나타내는 말과 단위를 나타내는 말 사이는 띄어 쓴다.

4

적용

다음 문장에서 띄어쓰기가 바르지 <u>않은</u> 부분은 어디인가요? ( )

> <u>말에</u> 대한 <u>속담</u> 중에는 '<u>가는</u> 말이 고와야 <u>오는말이</u> <u>곱다</u>'가 있다.
> ①　　　②　　　　③　　　　　　④　　　　⑤

5

적용

띄어쓰기가 바르지 <u>않은</u> 것을 두 가지 고르세요. (,)

① 어항에 물고기 세마리가 있다.

② 나는 줄넘기를 하다가 넘어졌다.

③ 어머니께서 맛있는간식을 주셨다.

④ 나는 오늘 아침에 우유를 한 잔 마셨다.

⑤ 어제 나는 동생과 함께 공원에서 놀았다.

어법
학습

동영상 강의

핵심어

Q 할머니께서 하고 싶으신 말씀을 알맞게 띄어 쓴 것은 무엇인가요?

나물좀다오.

❶ 나∨물∨좀∨다오.

❷ 나물∨좀∨다오.

⬤ 띄어쓰기

글을 쓸 때 한글 맞춤법에 따라 어떤 말을 앞말과 띄어 쓰는 일.

❶ 낱말과 낱말 사이는 띄어 씀.

예 나무에사과가열렸다.

→ 나무에∨사과가∨열렸다.

❷ '은/는', '이/가', '을/를', '의' 등과 같은 말은 사람이나 사물의 이름을 나타내는 말 뒤에 붙여 씀.

예 나는 공부 를 한다.

→ 나는∨공부를∨한다.

❸ 수를 나타내는 말과 단위를 나타내는 말 사이는 띄어 씀.

예 강아지 두마리가 있다.

→ 강아지 두∨마리가 있다.

이해 띄어쓰기가 바른 문장에는 ○표, 바르지 <u>않은</u> 문장에는 ×표 하세요.

1 나는 사과 한개를 먹었다. ( )

2 갈매기들이 하늘을 날고 있다. ( )

3 오늘 학교에서 수학 시험을 보았다. ( )

적용 다음 밑줄 친 부분을 바르게 띄어 쓰세요.

4 빵집에서 <u>식빵과케이크를</u> 샀다.
→ ( )

5 도서관에서 <u>책한권을</u> 빌려 왔어.
→ ( )

6 어제 친구 <u>네명과</u> 나들이를 갔다.
→ ( )

심화 **7** ㉠~㉣ 중에서 띄어쓰기가 바른 부분의 기호를 쓰세요.

오늘은 동물원에 다녀왔다. 동물원에는 신기한 ㉠동물들이 많았다. 제일 먼저 사자를 보았는데, 생각보다 몸집이 ㉡너무커서 놀랐고 무섭기도 했다. 코끼리가 ㉢긴코로 먹이를 먹는 모습도 보았다. 새끼 원숭이 ㉣한마리는 어미 원숭이에게 기대어 있었다.

( )

어휘 찾아보기

어휘 찾아보기

동아출판
초등 무료
스마트러닝

동아출판 초등 **무료 스마트러닝**으로 쉽고 재미있게!

큐브 유형 2-1 동영상 강의

각종 경시대회에 출제되는 응용, 심화 문제를 통해 실력을 한 단계 높일 수 있습니다.

과목별·영역별 특화 강의

수학 개념 강의

국어 독해 지문 분석 강의

구구단 송

그림으로 이해하는 비주얼씽킹 강의

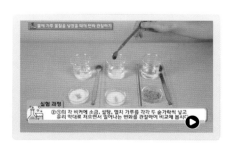

과학 실험 동영상 강의

과목별 문제 풀이 강의

서비스 제공 교재 큐브 | 백점 과학 | 빠작 초등 국어 | 초능력 | 초고필 | 하이탑 초등 과학

독해력을 키우는 **바른 어휘 학습**

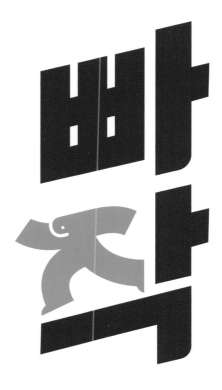

정답과 해설

초등 국어

어휘 X 독해　2단계

1·2학년

동아출판

정답과 해설

새 학년 처음 등교한 날

글의 종류
일기

글의 특징
새 학년 처음 등교한 날에 있었던 일을 쓴 일기로, 글쓴이의 생각과 느낌이 잘 드러나는 글입니다.

주제
새 학년 처음 등교한 날에 있었던 일

1 이 글은 새 학년을 맞아 처음 등교하는 날에 쓴 일기이므로 제목의 빈칸에는 '등교'가 들어가는 것이 알맞습니다.

2 이 글은 글쓴이가 새 학년 처음 등교한 날 학교에서 겪은 일을 쓴 일기로, 글쓴이의 생각과 느낌이 잘 드러나는 글입니다.

✔ 오답 풀이
① 이 글은 학교에 가는 방법을 알려 주는 글이 아닙니다.
② 감사의 마음을 전하는 글은 '편지글'입니다. 이 글은 그날그날 겪은 일이나 생각, 느낌 따위를 적은 '일기'입니다.
⑤ 여행을 하면서 보고, 듣고, 느낀 점을 시간 순서에 따라 쓴 글은 '기행문'입니다.

3 선생님께서 새 교과서를 나누어 주셨다는 내용은 나타나 있지 않습니다.

4 ㉠'등교'는 '학생이 학교에 감.'이라는 뜻이므로 '학교에 가는'으로 바꾸어 쓸 수 있습니다.

5 빈칸에 공통으로 들어갈 알맞은 말은 '사람이 무대나 연단 위에 나타나는 것.'이라는 뜻의 '등장'입니다.

> **어휘력 더하기** '등장'은 여러 가지 뜻을 지닌 다의어입니다. '사람이 무대나 연단 위에 나타나는 것.'이라는 뜻 외에도 '(소설·연극·영화 등에) 어떤 인물이 나오는 것.'이라는 뜻도 있습니다. 또, '중요한 일에 관련된 새로운 인물이나 사물이 세상에 나타나는 것.'이라는 뜻도 있습니다.

> **알쏭달쏭 맞춤법** ✱맞춤법에 맞게 쓴 낱말에 ○표 하세요.
>
> • 깜깜해서 앞이 (안 , 않) 보여.
> [맞춤법 더하기] '안'은 '아니'를 줄인 말이고, '않'은 '아니 하'를 줄인 말이에요. '안'은 뒤의 말과 띄어 쓰고, '않'은 뒤의 말과 붙여 쓴다는 것을 기억하면 좋아요.
>
> **정답** 안

어휘 학습

이해

1 '등장'은 '사람이 무대나 연단 위에 나타나는 것.'을 뜻합니다.

2 '등산'은 '운동, 놀이, 탐험 따위의 목적으로 산에 오름.'을 뜻합니다.

3 '등교'는 '학생이 학교에 감.'을 뜻합니다.

적용

4 ㉴는 아침마다 가까운 산을 오르는 것이 건강에 좋다는 뜻의 문장이므로 ㉴의 빈칸에는 '운동, 놀이, 탐험 따위의 목적으로 산에 오름.'을 뜻하는 말인 '등산'이 들어가야 합니다.

5 ㉲는 무대에 주인공이 나타났다는 뜻의 문장이므로 ㉲의 빈칸에는 '사람이 무대나 연단 위에 나타나는 것.'을 뜻하는 말인 '등장'이 들어가야 합니다.

6 ㉳는 하진이는 늦잠을 자서 학교에 지각할 뻔 했다는 뜻의 문장이므로 ㉳의 빈칸에는 '학생이 학교에 감.'을 뜻하는 말인 '등교'가 들어가야 합니다.

심화

7 '산을 오르는 것'과 같은 뜻을 지닌 말은 '등산'입니다.

상대방을 배려하는 대화

글의 종류
설명하는 글

글의 특징
상대방을 배려하며 대화하는 방법에 대하여 설명하는 글입니다.

주제
상대방을 배려하는 대화 방법

1 이 글은 상대방을 배려하며 대화하는 방법에 대하여 설명하는 글이므로 빈칸에는 '대화'가 들어가는 것이 알맞습니다.

2 대화할 때 손은 팔짱을 끼지 말고 자연스럽게 두어야 합니다.
✔ 오답 풀이
① 두 번째 문단에서 "그랬구나."와 같이 대답하는 것도 공감하는 대화의 방법이 될 수 있다고 하였습니다.
② 두 번째 문단에서 무시하거나 비웃는 말은 상대방에게 상처를 줄 수 있다고 하였습니다.
④ 세 번째 문단의 첫 번째 문장에 있는 내용입니다.
⑤ 두 번째 문단의 첫 번째 문장에 있는 내용입니다.

3 상대방을 놀리며 비웃는 시원이는 배려하는 말하기를 잘 실천하지 못하고 있습니다.

4 '처하여 있는 사정이나 형편.'은 '처지'의 뜻입니다.

5 ⓛ'이야기'와 바꾸어 쓸 수 있는 낱말은 '대화'입니다.
어휘력 더하기 ① '대립'은 '의견이나 처지, 속성 따위가 서로 반대되거나 모순됨. 또는 그런 관계.'를 뜻합니다.
② '대조'는 '서로 달라서 대비가 됨.'을 뜻합니다.
③ '대면'은 '서로 얼굴을 마주 보고 대함.'을 뜻합니다.
④ '대답'은 '부르는 말에 응하여 어떤 말을 함. 또는 그 말.'을 뜻합니다.

알쏭달쏭 맞춤법 *맞춤법에 맞게 쓴 낱말에 ○표 하세요.

• 나는 커서 선생님이 (될 , 됄) 거야.
[맞춤법 더하기] '돼'는 '되어'를 줄인 말이에요. 문장에 '되어'를 넣어서 자연스럽게 이어지면 '돼'로 쓸 수 있고, 그렇지 않으면 '되'로 쓴다는 것을 기억하면 좋아요.
정답 될

어휘 학습

이해
1 '대답'은 '부르는 말에 응하여 어떤 말을 함. 또는 그 말.'을 뜻합니다.
2 '대화'는 '마주 대하여 이야기를 주고받음. 또는 그 이야기.'를 뜻합니다.
3 '대면'은 '서로 얼굴을 마주 보고 대함.'을 뜻합니다.

적용
4 '대화'는 '마주 대하여 이야기를 주고받음. 또는 그 이야기.'를 뜻하는 말로 밑줄 친 부분과 비슷한 뜻을 가지고 있습니다.
5 '대답'은 '부르는 말에 응하여 어떤 말을 함. 또는 그 말.'을 뜻하는 말로 밑줄 친 부분과 비슷한 뜻을 가지고 있습니다.
6 '대면'은 '서로 얼굴을 마주 보고 대함.'을 뜻하는 말로 밑줄 친 부분과 비슷한 뜻을 가지고 있습니다.

심화
7 '비대면'은 '서로 얼굴을 마주 보고 대하지 않음.'이라는 뜻으로, 이와 뜻이 반대되는 말은 '서로 얼굴을 마주 보고 대함.'을 뜻하는 '대면'입니다.

020~021쪽

1 지진 2 ① 3 ②
4 ⑤ 5 방법

지진이 났을 때 대처하는 방법

글의 종류
설명하는 글

글의 특징
지진이 났을 때 대처하는 방법을 설명하는 글입니다.

주제
지진이 났을 때 대처하는 방법

1 이 글은 지진이 났을 때 대처하는 방법을 알려 주고 있으므로 답의 빈칸에 들어갈 말은 '지진'입니다.

2 우리나라에서도 2017년에 포항에서 지진이 일어났고, 더 이상 우리나라도 지진에서 안전하다고 할 수 없다고 했습니다.

3 지진이 났을 때에는 머리를 보호하며 운동장이나 공원 등 주변에 건물이 없는 넓은 곳으로 대피해야 합니다.
   ◆ 오답 풀이
   ① 책상 위가 아닌 책상 아래로 들어가야 합니다.
   ③ 지진이 났을 때 엘리베이터를 타면 위험하기 때문에 비상구의 계단으로 대피해야 합니다.
   ④ 건물과는 되도록 멀리 떨어져 주위를 살피며 대피해야 합니다.
   ⑤ 건물 밖에 있을 때는 운동장이나 공원 등 넓은 곳으로 대피해야 합니다.

4 '보호'는 '위험이나 곤란 따위가 미치지 아니하도록 잘 보살펴 돌봄.'이라는 뜻을 가지고 있습니다.

5 빈칸에 공통으로 들어갈 수 있는 말은 '어떤 일을 해 나가거나 목적을 이루기 위하여 취하는 수단이나 방식.'을 뜻하는 '방법'입니다.
   어휘력 더하기 '방향'은 '무엇이 나아가거나 향하는 쪽.'이나 '움직여 나가는 쪽. 또는 목표에 이르게 하는 쪽.'을 뜻하는 말입니다.

알쏭달쏭 맞춤법 *맞춤법에 맞게 쓴 낱말에 ○표 하세요.

• 오늘 (왠지 , 웬지) 멋있어 보여!
[맞춤법 더하기] '왠'과 '웬'이 헷갈릴 때에는 '왜 그런지'를 대신 넣어 보고 문장이 자연스럽게 이어지면 '왠'을 사용하고, 자연스럽지 않으면 '웬'을 사용해요.
                                                                    정답 왠지

어휘 학습

022쪽
❶ 방법   ❷ 방향
❸ 사방

023쪽 이해 적용 심화

1 방향 2 사방 3 방법
4 ㉯ 5 ㉰ 6 ㉮
7 ㉫

이해
1 '무엇이 나아가거나 향하는 쪽.'을 뜻하는 말은 '방향'입니다.
2 '동, 서, 남, 북 네 방위를 통틀어 이르는 말.'을 뜻하는 말은 '사방'입니다.
3 '어떤 일을 해 나가거나 목적을 이루기 위하여 취하는 수단이나 방식.'을 뜻하는 말은 '방법'입니다.

적용
4 ㉯에는 '동, 서, 남, 북 네 방위를 통틀어 이르는 말.'인 '사방'이 들어가야 합니다.
5 ㉰에는 '어떤 일을 해 나가거나 목적을 이루기 위하여 취하는 수단이나 방식.'을 뜻하는 '방법'이 들어가야 합니다.
6 ㉮에는 '무엇이 나아가거나 향하는 쪽.'을 뜻하는 '방향'이 들어가야 합니다.

심화
7 빈칸에 들어갈 말은 '무엇이 나아가거나 향하는 쪽.'의 뜻을 가진 '방향'입니다. 나침반이나 지도를 이용하면 방향을 정확히 알 수 있습니다.

024~025 쪽

1 왕자, 제비 2 ②
3 ⑤ 4 ② 5 행복

왕자를 위한 제비의 반대

글의 종류
독서 감상문

글의 특징
『행복한 왕자』를 읽고 쓴 독서 감상문입니다.

주제
『행복한 왕자』를 읽고 행복이란 누군가를 위하는 마음이 아닐까 생각함.

1 『행복한 왕자』의 중심인물은 왕자와 제비입니다.

2 이 글은 『행복한 왕자』를 읽은 까닭, 책의 줄거리, 느낌을 쓴 독서 감상문입니다.

✓ 오답 풀이
① 이 글은 글쓴이의 주장이 나타난 글이 아닙니다.
③ 이 글은 편지의 형식으로 쓴 글이 아닙니다.
④ 도서관에서 책을 빌리는 방법에 대해서는 나타나 있지 않습니다.
⑤ 이 글은 어딘가에 다녀온 경험을 쓴 글인 기행문이 아닙니다. 또, '행복한 왕자' 동상은 실제로 존재하는 것이 아닌 이야기 속에 등장하는 동상입니다.

3 왕자가 자신의 보석을 모두 어려운 사람들에게 나누어 주고, 남은 한쪽의 사파이어 눈마저 성냥팔이 소녀에게 주는 것으로 보아, 왕자가 다른 사람의 행복을 위해 자신을 희생하는 삶을 산다는 것을 알 수 있습니다.

4 '찬성'은 '어떤 행동이나 견해, 제안 따위가 옳거나 좋다고 판단하여 수긍함.'이라는 뜻으로 '어떤 행동이나 견해, 제안 따위에 따르지 아니하고 맞서 거스름.'이라는 뜻의 '반대'와 뜻이 반대되는 말입니다.

5 빈칸에는 '생활에서 충분한 만족과 기쁨을 느끼어 흐뭇함. 또는 그러한 상태.'를 뜻하는 '행복'이 들어가야 합니다.

> **어휘력 더하기** '행복'은 '복된 좋은 운수.'라는 뜻도 가지고 있습니다. '행복이 가득하다.'나 '행복을 빌다.' 등에 쓰이는 '행복'이 그러한 뜻으로 쓰이는 경우입니다.

> **알쏭달쏭 맞춤법** *맞춤법에 맞게 쓴 낱말에 ○표 하세요.
> • 사과는 과일(이에요 , 이예요).
> [맞춤법 더하기] '예요'는 '이에요'를 줄인 말로 받침이 있는 말 뒤에는 '이에요', 받침이 없는 말 뒤에는 '예요'를 써요.
> **정답** 이에요

026 쪽

❶ 반대   ❷ 반응
❸ 위반

027 쪽 이해 적용 심화

1 ⓒ 2 ⓒ 3 ㉠
4 ㉮ 5 ㉰ 6 ㉯
7 ⓒ

어휘 학습

이해

1 '반응'은 '자극에 대응하여 어떤 현상이 일어남. 또는 그 현상.'을 뜻합니다.

2 '반대'는 '어떤 행동이나 견해, 제안 따위에 따르지 아니하고 맞서 거스름.'을 뜻합니다.

3 '위반'은 '법률, 명령, 약속 따위를 지키지 않고 어김.'을 뜻합니다.

적용

4 ㉮에는 '법률, 명령, 약속 따위를 지키지 않고 어김.'을 뜻하는 '위반'이 들어가야 합니다.

5 ㉰에는 '자극에 대응하여 어떤 현상이 일어남. 또는 그 현상.'을 뜻하는 '반응'이 들어가야 합니다.

6 ㉯에는 '어떤 행동이나 견해, 제안 따위에 따르지 아니하고 맞서 거스름.'을 뜻하는 '반대'가 들어가야 합니다.

심화

7 빈칸에는 '자극에 대응하여 어떤 현상이 일어남. 또는 그 현상.'을 뜻하는 말인 '반응'이 들어가는 것이 알맞습니다.

028~029 쪽

1 랜드마크   2 ②
3 (1) ○, (3) ○   4 ②
5 ④

지역을 대표하는 건물 '랜드마크'

글의 종류
설명하는 글

글의 특징
어떤 지역을 대표하는 건물인 랜드마크에 대하여 설명하는 글입니다.

주제
랜드마크는 지역을 대표하는 건물임.

1 이 글은 지역을 대표하는 건물인 '랜드마크'에 대해 설명하고 있으므로 제목의 빈칸에는 '랜드마크'가 들어가야 합니다.

2 지역이나 나라의 랜드마크를 만들기 위해 거대하고 멋진 건물을 일부러 건설하기도 한다고 했습니다.

✔ **오답 풀이**
① 첫 번째 문단에서 '프랑스'하면 '에펠 탑'이 떠오른다고 하였고, '어느 곳'하면 떠오르는 대표적인 건물이 랜드마크라고 하였습니다.
③ 두 번째 문단에서 오늘날 랜드마크는 두드러지게 눈에 띄어서 지역을 대표할 수 있는 건물이나 유명한 문화재 등을 말한다고 하였습니다.
④ 두 번째 문단의 마지막 부분에서 랜드마크가 많은 관광객을 끌어들이기도 한다고 하였습니다.
⑤ 두 번째 문단에서 잘 만들어진 랜드마크는 수백 년 동안 한 자리를 지키며 도시나 나라를 대표하는 얼굴이 된다고 하였습니다.

3 랜드마크는 지역을 대표하는 건물이므로, 매년 관광객들이 모여드는 인도의 타지마할과 중국을 떠올리면 생각나는 만리장성이 랜드마크에 해당합니다.

4 ②에는 '건물, 설비, 시설 따위를 새로 만들어 세움.'을 뜻하는 '건설'이 어울립니다.

5 ⓒ'거대하다'는 '조금 작거나 적다.'는 뜻의 '조그맣다'와는 바꾸어 쓸 수 없습니다.

어휘력 더하기 ① '크다'는 '사람이나 사물의 외형적 길이, 넓이, 높이, 부피 따위가 보통 정도를 넘다.'라는 뜻을 가지고 있습니다. ② '웅장하다'는 '규모 따위가 거대하고 성대하다.'라는 뜻을 가지고 있습니다. ③ '커다랗다'는 '매우 크다. 또는 아주 큼직하다.'라는 뜻입니다. ⑤ '큼직하다'는 '꽤 크다.'라는 뜻입니다.

┌───┐
│ **알쏭달쏭 맞춤법** ＊맞춤법에 맞게 쓴 낱말에 ○표 하세요.   │
│   │
│ • 너 자꾸 (떼장이 , 떼쟁이)처럼 굴래?   │
│ [맞춤법 더하기] '-장이'는 전문가에게 붙이고, '-쟁이'는 특징이나 행동 등이 독특한 사람에게 붙이는 말 │
│ 이에요. 모양이 비슷하여 헷갈리기 쉬우니 잘 구별해서 쓰도록 해요.   │
│   **정답** 떼쟁이 │
└───┘

30 쪽

❶ 건물   ❷ 건설
❸ 건국

031 쪽 이해 · 적용 · 심화

1 ④   2 ④   3 ㉮
4 건물 5 건설 6 건국
7 ③

어휘 학습

이해

1 '건물'은 '사람이 들어 살거나, 일을 하거나, 물건을 넣어 두기 위하여 지은 집을 통틀어 이르는 말.'을 뜻합니다.

2 '건설'은 '건물, 설비, 시설 따위를 새로 만들어 세움.'의 뜻입니다.

3 '건국'은 '나라가 세워짐. 또는 나라를 세움.'을 뜻합니다.

적용

4 '사람이 들어 살거나, 일을 하거나, 물건을 넣어 두기 위하여 지은 집을 통틀어 이르는 말.'을 뜻하는 말인 '건물'이 들어가는 것이 알맞습니다.

5 '건물, 설비, 시설 따위를 새로 만들어 세움.'을 뜻하는 말인 '건설'이 들어가는 것이 알맞습니다.

6 '나라가 세워짐. 또는 나라를 세움.'을 뜻하는 말인 '건국'이 들어가는 것이 알맞습니다.

심화

7 주몽이 졸본에 새로운 나라를 세운 것이므로 '나라가 세워짐. 또는 나라를 세움.'이라는 뜻이 있는 말인 '건국'이 들어가는 것이 알맞습니다.

032~033 쪽

1 손　**2** ①　**3** 혜인

4 ②　**5** ⑤

외출 후에는 손을 씻어요

글의 종류
설명하는 글

글의 특징
손을 씻어야 하는 까닭과 손을 씻는 방법에 대하여 설명하는 글입니다.

주제
손 씻기의 중요성과 올바른 손 씻기 방법

1 이 글에서는 손 씻기의 중요성과 올바른 손 씻기 방법에 대하여 설명하고 있으므로 제목의 빈칸에는 '손'이 들어가는 것이 알맞습니다.

2 균은 시간이 지나면서 점점 늘어나는데, 손을 씻으면 수가 적어지고 감염을 일으키지 못하게 된다고 하였습니다.

✔ **오답 풀이**
② 세 번째 문단에서 손 씻기는 손에 있는 세균과 바이러스를 없애고 다양한 병을 예방하는데 중요한 역할을 한다고 하였습니다.
③ 두 번째 문단의 첫 번째 문장에서 우리 손에는 세균이나 바이러스 같은 눈에 보이지 않는 미생물이 많이 있다고 하였습니다.
④ 두 번째 문단에서 병을 일으키는 균이 우리 몸에 감염을 일으켜 병에 걸리게 한다고 하였습니다.
⑤ 세 번째 문단에서 손을 씻지 않고 집에 들어가서 이것저것을 만지게 되면 물건에 세균과 바이러스가 묻게 돼 나뿐만 아니라 가족까지 병에 걸릴 수 있다고 하였습니다.

3 올바른 손 씻기 방법은 흐르는 물에 양손을 적신 후 손바닥에 충분한 양의 비누를 묻혀 구석구석 문지르는 것이라고 하였습니다.

4 ㉠'전염병'은 '전염이 되는 질병.'이라는 뜻을 가지고 있습니다.

5 '외출'은 '집을 떠나 가까운 곳에 잠시 다녀오는 일.'을 뜻하는 '나들이'와 바꾸어 쓸 수 있습니다.

어휘력 더하기 ① '일출'은 '해가 뜸.'이라는 뜻입니다. ② '출발'은 '목적지를 향하여 나아감.'이라는 뜻입니다. ③ '실천'은 '생각한 바를 실제로 행함.'이라는 뜻입니다. ④ '충돌'은 '서로 맞부딪치거나 맞섬.'이라는 뜻입니다.

알쏭달쏭 맞춤법 **＊맞춤법에 맞게 쓴 낱말에 ○표 하세요.**

• (아무튼 , 아뭏든) 할머니를 (뵈서 , 봬서) 좋아요.
[맞춤법 더하기] '아무튼'은 예전에 쓰던 '아뭏든'과 헷갈리기 쉽고, '봬요'는 '뵈어요'가 줄어든 말로 '뵈요'와 헷갈리기 쉬워요. 잘못 쓰지 않도록 주의해야 해요.

정답 아무튼, 봬서

---

034 쪽

❶ 외출　　❷ 외식
❸ 외국

035 쪽 이해 적용 심화

1 ㉯　**2** ㉰　**3** ㉮

4 외국　**5** 외식　**6** 외출

7 ㉣

어휘 학습

이해

1 '외출'은 '집이나 일하는 곳에서 벗어나 잠시 밖으로 나감.'을 뜻합니다.

2 '외식'은 '집에서 직접 해 먹지 아니하고 밖에서 음식을 사 먹음. 또는 그런 식사.'라는 뜻입니다.

3 '외국'은 '자기 나라가 아닌 다른 나라.'를 뜻합니다.

적용

4 '외국'은 '자기 나라가 아닌 다른 나라.'를 뜻하는 말이므로 밑줄 친 부분과 비슷한 뜻을 가지고 있습니다.

5 '외식'은 '집에서 직접 해 먹지 아니하고 밖에서 음식을 사 먹음. 또는 그런 식사.'를 뜻하는 말이므로 밑줄 친 부분과 비슷한 뜻을 가지고 있습니다.

6 '외출'은 '집이나 일하는 곳에서 벗어나 잠시 밖으로 나감.'을 뜻하는 말이므로 밑줄 친 부분과 비슷한 뜻을 가지고 있습니다.

심화

7 '나들이'는 '집을 떠나 가까운 곳에 잠시 다녀오는 일.'이라는 뜻을 가지고 있으므로, 바꾸어 쓸 수 있는 말은 '집이나 일하는 곳에서 벗어나 잠시 밖으로 나감.'을 뜻하는 '외출'입니다.

1 하율   2 ①, ⑤

3 ②   4 ③

5 (1) 표정   (2) 표현

고마운 마음을 표현하는 편지

글의 종류
편지글

글의 특징
이안이가 하율이에게 안부를 묻고 자신의 소식을 전하며 고마운 마음을 표현한 편지글입니다.

주제
친구에게 고마운 마음을 전함.

1 이 글은 이안이가 하율이에게 쓴 편지글입니다.

2 이 글은 친구에게 고마운 마음을 전하는 편지글로 '받을 사람 → 첫인사 → 전하고 싶은 말 → 끝인사 → 쓴 날짜 → 쓴 사람'의 차례로 쓰여진 글입니다.

✅ 오답 풀이
② '주장하는 글'에 대한 설명입니다.
③ 이 글은 편지를 쓰는 방법을 설명하고 있지는 않습니다.
④ 있을 것 같은 일을 꾸며서 지어낸 글은 '이야기 글'입니다.

3 이안이가 전학을 가던 날 선생님과 친구들이 이안이에게 편지를 써 주었다고 했습니다. 그러므로 선생님이 하율이에게 편지를 써 주신 것은 아닙니다.

4 ㉮ '가벼워서'는 '무게가 적어서.'라는 뜻이므로, 이와 뜻이 반대되는 말은 '무게가 나가는 정도가 커서.'인 '무거워서'입니다.

5 ㉠에는 얼굴에 드러난 감정을 뜻하는 말이 들어가야 하므로 '마음속의 감정이 얼굴에 드러난 모습.'을 뜻하는 '표정'이 들어가서 '네가 장난스럽게 웃던 표정'이 되는 것이 알맞습니다. ㉡에는 '느낌이나 생각을 말, 글, 예술 작품 등으로 나타내는 것.'을 뜻하는 '표현'이 들어가서 '마음을 표현하는'이 되는 것이 알맞습니다.

어휘력 더하기 '표면'은 '사물의 가장 바깥쪽. 또는 가장 윗부분.'을 뜻하는 말입니다. '표준'은 '사물의 정도나 성격 따위를 알기 위한 근거나 기준.'을 뜻하는 말입니다.

알쏭달쏭 맞춤법 * 맞춤법에 맞게 쓴 낱말에 ○표 하세요.

• 집을 (어떡해 , 어떻게) 짓는지 궁금해.
[맞춤법 더하기] '어떡해'는 '어떻게 해'가 줄어든 말이고, '어떻게'는 '어떤 방법이나 방식으로.'라는 뜻이에요. 모양이 비슷하여 헷갈리기 쉬우니 잘 구별해서 쓰도록 해요.
정답 어떻게

어휘 학습

038 쪽

❶ 표현   ❷ 표정
❸ 표면

039 쪽   이해 적용 심화

1 표정 2 표면 3 표현

4 ㉰ 5 ㉮ 6 ㉯

7 ㉠

이해
1 '마음속의 감정이 얼굴에 드러난 모습.'을 뜻하는 말은 '표정'입니다.

2 '사물의 가장 바깥쪽. 또는 가장 윗부분.'을 뜻하는 말은 '표면'입니다.

3 '느낌이나 생각을 말, 글, 예술 작품 등으로 나타내는 것.'을 뜻하는 말은 '표현'입니다.

적용
4 ㉰에는 '사물의 가장 바깥쪽. 또는 가장 윗부분.'을 뜻하는 '표면'을 넣어서 '우주 탐사선이 화성의 표면을 조사하고 있다.'로 쓰는 것이 알맞습니다.

5 ㉮에는 '마음속의 감정이 얼굴에 드러난 모습.'을 뜻하는 '표정'을 넣어서 '선물을 내밀자 효정이의 표정이 환해졌다.'로 쓰는 것이 알맞습니다.

6 ㉯에는 '느낌이나 생각을 말, 글, 예술 작품 등으로 나타내는 것.'을 뜻하는 '표현'을 넣어서 '말은 자신의 생각을 표현하는 방법 중 하나이다.'로 쓰는 것이 알맞습니다.

심화
7 빈칸에는 지구의 가장 바깥쪽을 뜻하는 말이 들어가야 하므로 '표면'이 들어가는 것이 알맞습니다.

날씨에 따른 기분을 나타내는 불쾌지수

글의 종류
설명하는 글

글의 특징
날씨에 따라 기분이 달라지는 정도를 숫자로 나타낸 불쾌지수에 대하여 설명하는 글입니다.

주제
불쾌지수는 날씨에 따른 기분을 나타냄.

1 이 글은 '불쾌지수'에 대하여 설명하는 글입니다.

2 마지막 문단에서 나라마다 기후가 다르기 때문에 세계적으로 통일된 하나의 '불쾌지수'라는 것은 없다고 하였습니다.

❷ 오답 풀이
① 두 번째 문단에서 일반적으로 기온이 높고 공기 중의 습도가 높은 여름철에 불쾌지수가 높게 나타난다고 하였습니다.
② 첫 번째 문단에서 사람의 기분은 날씨의 영향을 많이 받는다고 하였습니다.
④ 두 번째 문단에서 불쾌지수는 기온과 습도를 이용해서 계산한다고 하였습니다.
⑤ 두 번째 문단에서 미국의 기후학자 톰이 불쾌지수를 처음 생각해 냈다고 하였습니다.

3 이 글에서 일반적으로 기온이 높고 공기 중의 습도가 높은 여름철에 불쾌지수가 높게 나타난다고 하였습니다.

4 앞부분에 끈적한 날씨 때문에 기분이 나빠졌거나 선선한 날씨에 시원하고 산뜻한 기분을 느꼈던 적이 있냐고 묻고 있습니다. 따라서 이어지는 문장의 ㉠에는 '기분'이 들어가는 것이 알맞습니다.

5 ㉡'상쾌'와 ㉢'불쾌'는 서로 반대되는 뜻을 지닌 말입니다. 서로 반대되는 뜻이 아닌 말은 '햇빛'과 '바람'입니다.

어휘력 더하기 '햇빛'은 '해의 빛.'을 뜻하는 말이고, '바람'은 '기압의 변화 또는 사람이나 기계에 의하여 일어나는 공기의 움직임.'을 뜻하는 말이므로 서로 반대되는 뜻의 말이라고 할 수 없습니다.

알쏭달쏭 맞춤법 * 맞춤법에 맞게 쓴 낱말에 ○표 하세요.

• (요새 , 요세) 많이 바빠?
[맞춤법 더하기] '요새'를 쓸 때 '세'와 '새'를 헷갈려 잘못 쓰는 경우가 있어요. '요새'는 '요사이'의 줄어든 말이라는 것을 기억하면 헷갈리지 않을 수 있을 거예요.
정답 요새

042 쪽

❶ 기분   ❷ 기온
❸ 기후

043 쪽 이해 적용 심화

1 ㉢ 2 ㉠ 3 ㉡
4 ㉮ 5 ㉲ 6 ㉯
7 ㉡

어휘
학습

이해
1 '기분'은 '마음 속에 생기는 기쁨·슬픔·우울함 등의 감정 상태.'를 뜻합니다.

2 '기온'은 '공기의 온도.'라는 뜻입니다.

3 '기후'는 '한 지역의 평균적인 날씨.'를 뜻합니다.

적용
4 ㉮에는 '마음 속에 생기는 기쁨·슬픔·우울함 등의 감정 상태.'를 뜻하는 말인 '기분'을 넣어서 '새 학기를 맞아 오래간만에 새 옷을 꺼내 입었더니 기분이 좋다.'로 쓰는 것이 알맞습니다.

5 ㉲에는 '공기의 온도.'를 뜻하는 말인 '기온'을 넣어서 '오후가 되자 기온이 뚝 떨어지더니 갑자기 눈발이 날리기 시작했다.'로 쓰는 것이 알맞습니다.

6 ㉯에는 '한 지역의 평균적인 날씨.'를 뜻하는 말인 '기후'를 넣어서 '우리나라의 여름 기후는 기온이 높고 습도가 높은 것이 특징이다.'로 쓰는 것이 알맞습니다.

심화
7 '기온'의 뜻은 '공기의 온도.'이므로 파란색으로 쓰인 말인 '공기의 온도'는 '기온'과 바꾸어 쓸 수 있습니다.

열차 출입과 이용의 주의할 점

글의 종류
설명하는 글

글의 특징
열차 출입과 이용의 주의할 점에 대하여 설명하는 글입니다.

주제
안전하게 열차에 출입하고 이용하는 방법

1 이 글은 열차 출입과 이용의 주의할 점에 대하여 설명하는 글이므로 제목의 빈칸에는 '열차'가 들어가야 합니다.

2 어린이들은 발이 작아 열차에 출입할 때 승강장과 열차 사이의 틈에 발이 끼지 않도록 주의해야 한다고 하였습니다.

3 열차가 도착하고 출입문이 완전히 열리면 열차에 타야 한다고 하였으므로 서율이가 이 글의 내용을 잘 실천하였다고 할 수 있습니다.

❷ 오답 풀이
① 열차 출입문에 기대면 문이 갑자기 열려서 다칠 수 있으므로 출입문에 기대지 말아야 합니다.
② 손잡이를 잡지 않으면 열차가 갑자기 움직일 때 넘어질 수 있으므로 손잡이를 꼭 잡아야 합니다.
④ 열차가 도착하고 출입문이 열릴 때까지 안전선을 넘지 않아야 합니다.
⑤ 열차가 출발하려 한다고 무리하게 뛰어서 타면 출입문에 끼어서 다칠 수 있습니다.

4 ㉠'위험'은 '실패할 가능성이 있거나 목숨을 위태롭게 할 만큼 안전하지 못한 것.'이라는 뜻의 말이므로 '아무 탈이 없고 위험이 없는 것.'을 뜻하는 ㉥'안전'과 뜻이 반대되는 말입니다.

어휘력 더하기 ① '사고'는 '뜻밖에 일어난 불행한 일.'을 뜻합니다. ② '도착'은 '목적한 곳에 다다름.'을 뜻합니다. ③ '무리'는 '도리나 이치에 맞지 않거나 정도에서 지나치게 벗어남.'을 뜻합니다. ④ '손잡이'는 '손으로 어떤 것을 열거나 들거나 붙잡을 수 있도록 덧붙여 놓은 부분.'을 뜻합니다.

5 ㉮에는 '목적지를 향하여 나아감.'을 뜻하는 '출발'이 들어가는 것이 알맞습니다.

어휘력 더하기 '출입'은 '어느 곳을 드나듦.', '출구'는 '밖으로 나갈 수 있는 통로.', '출석'은 '어떤 자리에 나아가 참석함.'을 뜻하는 말입니다.

알쏭달쏭 맞춤법 *맞춤법에 맞게 쓴 낱말에 ○표 하세요.

• 아무거나 (덥석 , 덥썩) 주워 먹으면 안 돼.
[맞춤법 더하기] '갑자기 달려들어 한 번에 잡는 모양.'을 뜻하는 '덥석'을 쓸 때 맞춤법을 틀리는 경우가 많아요. '덥썩'처럼 소리 나는 대로 쓰지 않도록 주의해야 해요.
정답 덥석

어휘 학습

이해
1 '출구'는 '밖으로 나갈 수 있는 통로.'를 뜻합니다.
2 '출발'은 '목적지를 향하여 나아감.'을 뜻합니다.
3 '출입'은 '어느 곳을 드나듦.'을 뜻합니다.

적용
4 '출발'은 '목적지를 향하여 나아감.'을 뜻하는 말로 밑줄 친 '목적지로 떠나야'와 비슷한 뜻을 가지고 있습니다.
5 '출구'는 '밖으로 나갈 수 있는 통로.'를 뜻하는 말로 밑줄 친 '나가는 통로'와 비슷한 뜻을 가지고 있습니다.
6 '출입'은 '어느 곳을 드나듦.'을 뜻하는 말로 밑줄 친 '들어오고 나가는'과 비슷한 뜻을 가지고 있습니다.

심화
7 파란색으로 쓰인 '나가는 곳'과 바꾸어 쓸 수 있는 말은 '밖으로 나갈 수 있는 통로.'를 뜻하는 '출구'입니다.

048~049 쪽

1 아버지　　　2 ⑤
3 ③　　4 ③　　5 내외

아버지를 따라 내과에 다녀온 날

글의 종류
일기

글의 특징
놀이공원에 가지 못해 속상 했지만 편찮으신 아버지를 걱정하는 글쓴이의 생각과 마음이 잘 드러나는 일기입 니다.

주제
아버지께서 편찮으셔서 함께 내과에 다녀옴.

1 이 글은 아버지께서 편찮으셔서 함께 내과에 다녀온 일을 쓴 글이므로 제목의 빈칸에는 '아버지'가 들어가야 합니다.

2 이 글은 글쓴이의 생각과 느낌이 잘 드러나는 일기입니다.

3 아버지께서 감기에 걸리신 까닭이 무엇인지는 나타나 있지 않습니다.

❤ 오답 풀이
① '나'는 아버지께서 편찮으셔서 놀이공원에 가지 못할 것 같아 속상했습니다.
② '나'는 아버지를 따라서 동네 내과에 갔습니다.
④ 평소에는 아버지께서 먼저 일어나셔서 '나'를 깨우셨지만, 오늘은 '내'가 먼저 일어났다고 했습니다.
⑤ 아버지께서는 열이 나서 추우셨기 때문에 긴팔 내복을 꺼내 입으셨습니다.

4 ㉠에는 '몸 안의 질병에 대한 진단과 예방과 치료를 하는 의학의 한 분과, 또는 병원의 그 부서.'를 뜻하는 '내과'가 들어가는 것이 알맞습니다.

　어휘력 더하기　① '내복'은 '겉옷의 안쪽에 몸에 직접 닿게 입는 옷.'을 뜻합니다. ② '내부'는 '안쪽의 부분.'을 뜻합 니다. ④ '내장'은 '척추동물의 가슴안이나 배안 속에 있는 여러 가지 기관을 통틀어 이르는 말.'이라는 뜻을 가 지고 있습니다. ⑤ '외과'는 '몸 외부의 상처나 내장 기관의 질병을 수술이나 그와 비슷한 방법으로 치료하는 의학 분야.'를 뜻합니다.

5 '안과 밖을 아울러 이르는 말.'은 '내외'의 뜻입니다. '예외'는 '보통의 흔한 예에서 벗어난 것.'을 뜻합니다.

　어휘력 더하기　'내외'는 '안과 밖을 아울러 이르는 말.'이라는 뜻 외에도 수량을 나타내는 말 뒤에 쓰여 '약간 덜 하거나 넘음.'이라는 뜻도 가지고 있습니다.

┌───┐
│ 알쏭달쏭 맞춤법 　＊맞춤법에 맞게 쓴 낱말에 ○표 하세요.
│
│ • 새 학기가 되니 (설렌다 , 설레인다).
│ 　[맞춤법 더하기] '설레다'를 '설레이다'로 잘못 쓰는 경우가 있어요. 낱말의 원래 모양을 잘 기억하고,
│ 　'-이-'를 넣어 쓰지 않도록 주의해야 해요.
│ 　　　　　　　　　　　　　　　　　　　　　　　　　　　**정답** 설렌다
└───┘

어휘 학습

050 쪽

❶ 내과　　❷ 내복
❸ 내외

051 쪽 　이해　적용　심화

1 ㉡　2 ㉢　3 ㉠
4 ㉯　5 ㉰　6 ㉮
7 내외

（이해）

1 '내복'은 '겉옷의 안쪽에 몸에 직접 닿게 입는 옷.'을 뜻합니다.

2 '내과'는 '몸 안의 질병에 대한 진단과 예방과 치료를 하는 의학의 한 분과, 또는 병원의 그 부서.'를 뜻합니다.

3 '내외'는 '안과 밖을 아울러 이르는 말.'을 뜻합니다.

（적용）

4 ㉯에는 '겉옷의 안쪽에 몸에 직접 닿게 입는 옷.'을 뜻하는 '내복'을 넣어서 '오늘은 기온이 영하까지 내려간다고 하니까 꼭 내복을 입어라.'로 쓰는 것이 알맞습니다.

5 ㉰에는 '안과 밖을 아울러 이르는 말.'을 뜻하는 '내외'를 넣어서 '축구 결승전이 열리는 날 이라 관중들이 경기장 내외를 가득 메우고 있었다.'로 쓰는 것이 알맞습니다.

6 ㉮에는 '몸 안의 질병에 대한 진단과 예방과 치료를 하는 의학의 한 분과, 또는 병원의 그 부서.'를 뜻하는 '내과'를 넣어서 '나는 배가 아파서 동네 내과에 가서 진찰을 받았다.'로 쓰는 것이 알맞습니다.

（심화）

7 빈칸에 들어갈 말은 '안과 밖을 아울러 이르는 말.'을 뜻하는 '내외'입니다.

1 감정 **2** ⑤ **3** ②
4 ② **5** ③

꿀벌도 감정을 느껴요

글의 종류
설명하는 글

글의 특징
꿀벌과 같은 곤충도 감정을
느낀다는 것을 연구 결과를
통해 설명하는 글입니다.

주제
꿀벌도 감정이 있음.

---

1 이 글은 꿀벌과 같은 곤충도 감정을 느낀다는 것을 설명하고 있습니다.

2 이 글은 꿀벌과 같은 곤충도 감정을 느낀다는 내용을 여러 연구 결과를 통해 설명하는 글입니다.

3 공격받은 벌들이 달콤한 물만 맛보려고 했다는 내용은 없습니다.

✔ **오답 풀이**
① 두 번째 문단에서 벌통을 흔들어 꿀벌들이 공격받고 있다고 믿게 했다고 하였습니다.
③ 두 번째 문단에서 공격받은 벌들에게서 '도파민'과 '세로토닌'과 같은 감정과 관계있는 호르몬의 양이 줄었다고 하였습니다.
④ 세 번째 문단에서 공격받은 벌들과 공격받지 않은 벌들에게 설탕물과 씁쓸한 물, 그리고 두 가지를 모두 섞은 물을 주고 관찰했다고 하였습니다.
⑤ 세 번째 문단에 공격받은 벌들이 새로운 물을 맛보려는 시도를 적게 했다는 내용이 있습니다.

4 꿀벌과 강아지, 고양이는 모두 '동물'에 포함되는 말입니다.

어휘력 더하기 꿀벌은 곤충에 해당하고, 강아지와 고양이는 포유류에 해당합니다. 그리고 이 말을 모두 포함하는 말은 '동물'입니다. 또, '동물'과 '식물'을 모두 포함하는 말은 '생물'입니다.

5 ㉠에는 '어떤 현상이나 일에 대하여 일어나는 마음이나 느끼는 기분.'을 뜻하는 '감정'이 들어가는 것이 알맞습니다.

어휘력 더하기 ① '감전'은 '전기에 감응함.'이라는 뜻입니다. ② '감촉'은 '외부의 자극이 피부 감각을 통하여 전해지는 느낌.'을 뜻하는 말입니다. ④ '예감'은 '어떤 일이 일어나기 전에 암시적으로 또는 본능적으로 미리 느낌.'을 뜻하는 말입니다. ⑤ '동감'은 '어떤 견해나 의견에 같은 생각을 가짐. 또는 그 생각.'을 뜻하는 말입니다.

알쏭달쏭 맞춤법 *맞춤법에 맞게 쓴 낱말에 ○표 하세요.
• 내 동생은 우유를 (조아해요 , 좋아해요).
[맞춤법 더하기] '좋아하다'는 읽을 때 첫 글자의 받침인 ㅎ이 소리 나지 않아요. 하지만 쓸 때에는 ㅎ을 빼놓지 말고 써야 해요.
정답 좋아해요

054쪽

❶ 감정 ❷ 감각
❸ 감동

055쪽 이해 적용 심화

1 ㉯ **2** ㉰ **3** ㉮
4 감각 **5** 감정 **6** 감동
7 ㉡

어휘학습

이해
1 '감정'은 '어떤 현상이나 일에 대하여 일어나는 마음이나 느끼는 기분.'을 뜻합니다.
2 '감각'은 '눈, 코, 귀, 혀, 살갗을 통하여 바깥의 어떤 자극을 알아차림.'을 뜻합니다.
3 '감동'은 '크게 느끼어 마음이 움직임.'을 뜻합니다.

적용
4 '눈, 코, 귀, 혀, 살갗을 통하여 바깥의 어떤 자극을 알아차림.'을 뜻하는 말인 '감각'이 들어가야 합니다.
5 '어떤 현상이나 일에 대하여 일어나는 마음이나 느끼는 기분.'을 뜻하는 말인 '감정'이 들어가야 합니다.
6 '크게 느끼어 마음이 움직임.'을 뜻하는 말인 '감동'이 들어가야 합니다.

심화
7 '기분'과 바꾸어 쓸 수 있는 말은 '어떤 현상이나 일에 대하여 일어나는 마음이나 느끼는 기분.'을 뜻하는 '감정'입니다.

056~057 쪽
1 에디슨   2 ④
3 ③   4 성공   5 ②

실패를 성공할 기회로 삼은 에디슨

글의 종류
전기문

글의 특징
발명왕으로 알려진 토머스 에디슨의 이야기를 담은 전기문입니다.

주제
실패를 성공할 기회로 삼은 에디슨의 삶과 정신

1 이 글은 발명왕으로 알려진 토머스 에디슨에 대하여 쓴 전기문이므로 '에디슨'에 대한 글입니다.

2 이 글은 토머스 에디슨의 전기문으로, 에디슨에게 있었던 일과 이룬 것에 대하여 쓴 글입니다.

3 에디슨은 배터리를 만들면서 2만 5천 번이나 실패했지만 결코 포기하지 않았습니다.

✔ 오답 풀이
① 세 번째 문단에서 에디슨의 회사가 망하기도 했다고 하였습니다.
② 첫 번째 문단에서 에디슨은 어린 시절부터 호기심이 많았다고 하였습니다.
④ 세 번째 문단에서 에디슨은 많은 발명품이 실패하는 어려움도 겪었다고 하였습니다.
⑤ 두 번째 문단에서 에디슨의 대표적인 발명품 중 하나인 전구는 수많은 실험과 실패 끝에 탄생했다고 하였습니다.

4 '실패'와 뜻이 반대되는 말은 '성공'입니다.

어휘력 더하기 '실패'는 '일을 잘못하여 뜻한 대로 되지 아니하거나 그르침.'이라는 뜻입니다. 따라서 '목적하는 것을 이룸.'을 뜻하는 '성공'과 반대되는 뜻의 말이라고 할 수 있습니다.

5 '본보기'는 '본을 받을 만한 대상.'이라는 뜻을 가진 말입니다.

알쏭달쏭 맞춤법 *맞춤법에 맞게 쓴 낱말에 ○표 하세요.

• 얼마나 (춥던지 , 춥든지) 손이 얼었어.
[맞춤법 더하기] '-던지'는 어떤 일에 대해 생각하거나 추측할 때 쓰는 말이에요. '-든지'와 모양이 비슷하여 헷갈리기 쉬우니 잘 구별해서 쓰도록 해요.
정답 춥던지

058 쪽
❶ 성공   ❷ 성장
❸ 완성

059 쪽 이해 적용 심화
1 완성 2 성공 3 성장
4 성장 5 성공 6 완성
7 ㉠

어휘 학습

이해
1 '완전히 다 이룸.'은 '완성'의 뜻입니다.
2 '목적하는 것을 이룸.'은 '성공'의 뜻입니다.
3 '사람이나 동식물 따위가 자라서 점점 커짐.'은 '성장'의 뜻입니다.

적용
4 동물이 자라는 과정을 쓴 책을 읽었다는 내용이므로, 빈칸에는 '사람이나 동식물 따위가 자라서 점점 커짐.'을 뜻하는 말인 '성장'이 들어가야 합니다.
5 열심히 노력하여 도전한 것을 이루었다는 뜻의 내용이므로, 빈칸에는 '목적하는 것을 이룸.'을 뜻하는 말인 '성공'이 들어가야 합니다.
6 그림을 다 그리는 데 오랜 시간이 걸렸다는 내용이므로, 빈칸에는 '완전히 다 이룸.'을 뜻하는 말인 '완성'이 들어가야 합니다.

심화
7 빈칸에 들어갈 알맞은 말은 '사람이나 동식물 따위가 자라서 점점 커짐.'을 뜻하는 '성장'입니다.

1 이 글에는 흥부와 놀부 형제가 등장하고 있습니다.

2 이 글은 옛날부터 전해 내려오는 이야기인 전래 동화로 착한 사람은 복을 받고 나쁜 사람은 벌을 받는 내용의 이야기입니다.

✔ 오답 풀이
① 이 글은 실제로 일어난 일을 쓴 글이 아니라 옛날부터 전해지는 꾸며 낸 이야기입니다.
③ 이야기를 읽고 느낀 점은 드러나 있지 않습니다.
④ 박씨를 심는 방법에 대한 내용은 나타나 있지 않습니다.

3 흥부가 심은 박 속에서는 온갖 곡식과 보물이 나왔고, 한 무리의 사람들도 나와 커다란 기와집을 지어 주었습니다. 반면 놀부가 심은 박 속에서는 도깨비와 도둑 떼가 나왔습니다.

4 ㉮에는 '타고난 마음씨.'를 뜻하는 '심성'이 들어가는 것이 알맞습니다.

어휘력 더하기 ① '심술'은 '남을 골리기 좋아하거나 남이 잘못되는 것을 좋아하는 마음보.'라는 뜻입니다. ② '심심'은 '하는 일이 없어 지루하고 재미가 없음.'이라는 뜻입니다. ④ '심난'은 '매우 어려움.'을 뜻합니다. ⑤ '심부름'은 '남이 시킨 일을 하여 주는 일.'이라는 뜻입니다.

5 '일부러'는 '어떤 목적이나 생각을 가지고. 또는 마음을 내어 굳이.'라는 뜻이므로, '뜻하지 않게'로 바꾸는 것은 알맞지 않습니다.

어휘력 더하기 '타다'는 이 글에서 '(톱으로 무엇을) 두 쪽으로 가르다.'라는 뜻으로 썼습니다. '타다'는 다른 상황에서는 '탈것이나 짐승의 등 따위에 몸을 얹다.'나 '불씨나 높은 열로 불이 붙어 번지거나 불꽃이 일어나다.'라는 뜻으로 쓰이기도 합니다. 이 세 가지 뜻의 '타다'는 소리는 같지만 각각 뜻이 다른 말인 '동음이의어'입니다.

알쏭달쏭 맞춤법 *맞춤법에 맞게 쓴 낱말에 ○표 하세요.

• 무엇을 (그리던지 , 그리든지) 상관 없어요.
[맞춤법 더하기] '-든지'는 물건이나 일의 내용을 선택할 때 쓰는 말이에요. '-던지'와 모양이 비슷하여 헷갈리기 쉬우니 잘 구별해서 쓰도록 해요.
정답 그리든지

이해
1 '진심'은 '거짓이 없는 참된 마음.'을 뜻합니다.
2 '심술'은 '남을 골리기 좋아하거나 남이 잘못되는 것을 좋아하는 마음보.'를 뜻합니다.
3 '심성'은 '타고난 마음씨.'를 뜻합니다.

적용
4 ㉯에는 '거짓이 없는 참된 마음.'을 뜻하는 '진심'을 넣어서 '네 진심은 그런 게 아니었는데 오해해서 미안해.'로 쓰는 것이 알맞습니다.
5 ㉮에는 '남을 골리기 좋아하거나 남이 잘못되는 것을 좋아하는 마음보.'를 뜻하는 '심술'을 넣어서 '팥쥐는 심술궂게 콩쥐를 괴롭혔다.'로 쓰는 것이 알맞습니다.
6 ㉯에는 '타고난 마음씨.'를 뜻하는 '심성'을 넣어서 '지우는 심성이 착해서 친구들을 잘 도와줘.'로 쓰는 것이 알맞습니다.

심화
7 빈칸에 들어갈 말은 '타고난 마음씨.'를 뜻하는 '심성'입니다.

064~065 쪽

1 용돈 2 ③ 3 ①
4 계산 5 계획

용돈을 계획적으로 사용해요

글의 종류
설명하는 글

글의 특징
용돈 기입장을 활용해서 용돈을 계획적으로 사용하는 방법을 설명하는 글입니다.

주제
용돈을 계획적으로 사용하는 방법

---

1 이 글은 용돈을 계획적으로 사용하는 방법을 설명하는 글이므로 제목의 빈칸에는 '용돈'이 들어가는 것이 알맞습니다.

2 글쓴이는 용돈을 계획적으로 사용하는 방법을 알려 주기 위해서 이 글을 썼습니다.

3 용돈 기입장을 쓰면 용돈을 계획적으로 사용할 수 있습니다. 용돈을 더 많이 받을 수 있다는 것은 알맞지 않은 설명입니다.

✔ **오답 풀이**
② 두 번째 문단에서 용돈 기입장을 쓰면 자신이 어디에 돈을 사용했는지를 알 수 있기 때문에 스스로의 소비를 반성할 수 있다고 했습니다.
③ 세 번째 문단의 첫 번째 문장에 그 내용이 있습니다.
④ 두 번째 문단의 마지막 부분에 저금할 수 있다는 내용이 있습니다.
⑤ 두 번째 문단에서 용돈 기입장을 쓰지 않으면 언제, 어디에, 얼마의 돈을 사용했는지 알 수 없다고 했습니다.

4 제시된 뜻은 '계산'에 대한 뜻입니다.

어휘력 더하기 '계산'은 여러 가지 뜻을 지닌 다의어입니다. '수를 헤아림.'이라는 뜻 외에도 '어떤 일을 예상하거나 고려함.'이라는 뜻이 있습니다. 또 '값을 치름.'이라는 뜻과 '어떤 일이 자기에게 이해득실이 있는지 따짐.'이라는 뜻도 있습니다.

5 빈칸에는 '앞으로 할 일의 순서나 방법을 미리 헤아려 결정함. 또는 그 내용.'을 뜻하는 '계획'이 들어가는 것이 알맞습니다.

어휘력 더하기 '소비'는 '돈·물품·시간·힘 등을 써서 없애는 것.'을 뜻하는 말입니다.

알쏭달쏭 맞춤법 * 맞춤법에 맞게 쓴 낱말에 ○표 하세요.

• 시키는 (대로 , 데로) 할게.
[맞춤법 더하기] '대로'는 '~과/와 같이', '그 즉시'와 같은 뜻이에요. '데로'와 모양과 소리가 비슷하여 잘못 쓰기 쉬우므로 뜻에 맞게 잘 구별해서 쓰도록 해요.

정답 대로

---

066 쪽

❶ 계획   ❷ 계산
❸ 시계

067 쪽   이해 적용 심화

1 ㉰ 2 ㉮ 3 ㉯
4 시계 5 계획 6 계산
7 ㉡

 어휘 학습

 이해

1 '계획'은 '앞으로 할 일의 순서나 방법을 미리 헤아려 결정함. 또는 그 내용.'을 뜻하는 말입니다.

2 '계산'은 '수를 헤아림.'을 뜻하는 말입니다.

3 '시계'는 '시간을 재거나 시각을 나타내는 기계나 장치를 통틀어 이르는 말.'을 뜻하는 말입니다.

적용

4 '시간을 재거나 시각을 나타내는 기계나 장치를 통틀어 이르는 말.'을 뜻하는 말인 '시계'가 들어가야 합니다.

5 '앞으로 할 일의 순서나 방법을 미리 헤아려 결정함. 또는 그 내용.'을 뜻하는 말인 '계획'이 들어가야 합니다.

6 '수를 헤아림.'을 뜻하는 말인 '계산'이 들어가야 합니다.

심화

7 방학 계획표를 잘 짜기 위해서 앞으로 할 일을 미리 헤아려 정하는 것이므로 빈칸에 알맞은 낱말은 '계획'입니다.

068~069 쪽

1 습관 **2** ⑤ **3** ③
4 (2) ○ **5** ④

에너지를 절약하는 습관을 들이자

글의 종류
주장하는 글

글의 특징
에너지를 절약하는 습관을 들이자고 주장하는 글입니다.

주제
에너지를 절약하는 습관을 들여야 함.

1 이 글은 에너지를 절약하는 습관을 들여야 한다고 주장하는 글이므로 제목의 빈칸에는 '습관'이 들어가는 것이 알맞습니다.

2 이 글은 주장하는 글로 글쓴이는 에너지를 절약하는 습관을 들여야 한다고 주장하고 있습니다.

3 전기를 절약하는 습관을 이야기하면서 사용하지 않는 가전제품의 플러그는 뽑아 두어야 한다고 했습니다.

✔ **오답 풀이**
① 세 번째 문단에 나오는 내용으로, 물을 절약하는 습관에 해당합니다.
② 두 번째 문단에 나오는 내용으로, 전기를 절약하는 습관에 해당합니다.
④ 두 번째 문단에 나오는 내용으로, 전기를 절약하는 습관에 해당합니다.
⑤ 세 번째 문단에 나오는 내용으로, 물을 절약하는 습관에 해당합니다.

4 (2)가 '절약'의 뜻으로 알맞습니다.

어휘력 더하기 '시간이나 재물 따위를 헛되이 헤프게 씀.'을 뜻하는 말은 '낭비'입니다. '낭비'는 '절약'과 반대되는 뜻을 가지고 있습니다. '낭비'는 '돈을 낭비하지 말고 아껴 써라.'와 같이 사용할 수 있습니다.

5 '습관'은 '어떤 행동을 오랫동안 되풀이하는 동안에 저절로 굳어진 버릇.'이라는 뜻을 가지고 있으므로 ④에는 어울리지 않습니다. ④에는 '함부로 쓰지 아니하고 꼭 필요한 데에만 써서 아낌.'을 뜻하는 '절약'이 어울립니다.

알쏭달쏭 맞춤법 ＊맞춤법에 맞게 쓴 낱말에 ○표 하세요.

• 여기 말고 다른 (대로 , 데로) 가요.
[맞춤법 더하기] '데'는 '장소'를 뜻할 때 쓰는 말이에요. '대'와 모양과 소리가 비슷하여 잘못 쓰기 쉬우므로 뜻에 맞게 잘 구별해서 쓰도록 해요.

정답 데로

070 쪽

❶ 습관 ❷ 습득
❸ 관습

071 쪽 이해 적용 심화

1 습득 **2** 습관 **3** 관습
4 ㉯ **5** ㉰ **6** ㉮
7 ②

어휘 학습

이해
1 '학문이나 기술 따위를 배워서 자기 것으로 함.'을 뜻하는 말은 '습득'입니다.
2 '어떤 행동을 오랫동안 되풀이하는 동안에 저절로 굳어진 버릇.'을 뜻하는 말은 '습관'입니다.
3 '한 사회에서 오랜 시간에 걸쳐 굳어져서 지켜지는 규범이나 생활 방식.'을 뜻하는 말은 '관습'입니다.

적용
4 ㉯에는 '어떤 행동을 오랫동안 되풀이하는 동안에 저절로 굳어진 버릇.'을 뜻하는 말인 '습관'이 들어가야 합니다.
5 ㉰에는 '한 사회에서 오랜 시간에 걸쳐 굳어져서 지켜지는 규범이나 생활 방식.'을 뜻하는 말인 '관습'이 들어가야 합니다.
6 ㉮에는 '학문이나 기술 따위를 배워서 자기 것으로 함.'을 뜻하는 말인 '습득'이 들어가야 합니다.

심화
7 빈칸에 들어갈 말은 '어떤 행동을 오랫동안 되풀이하는 동안에 저절로 굳어진 버릇.'을 뜻하는 '습관'입니다.

072~073 쪽

1 (2) ○   2 ④

3 (1) ○, (4) ○

4 다문화   5 ③

다문화 사회란 무엇일까요?

글의 종류
설명하는 글

글의 특징
다문화 사회의 뜻과 다문화 사회의 좋은 점과 문제점을 설명하는 글입니다.

주제
다문화 사회의 뜻과 다문화 사회의 좋은 점과 문제점

1 이 글은 다문화 사회의 좋은 점과 문제점에 대하여 설명하고 있습니다.

2 우리나라의 전체 인구에서 외국인이 차지하는 비율은 점점 늘어나고 있다고 하였습니다.

  ✔ **오답 풀이**
① 세 번째 문단에서 다문화 사회의 좋은 점을 찾을 수 있고, 네 번째 문단에서 다문화 사회의 문제점을 찾을 수 있습니다.
② 세계화로 인해 나라 간 사람들의 이동이 늘어나면서 우리나라도 다문화 사회가 되어가고 있다고 하였습니다.
③ 세 번째 문단의 마지막 문장에 나타나 있는 내용입니다.
⑤ 우리나라에 사는 외국인 중에는 일자리를 찾아 들어온 경우가 가장 많다고 하였습니다.

3 (2)와 같이 프랑스에서 한국으로 잠시 여행을 온 경우는 '우리나라에 사는 외국인'에 해당하지 않습니다. 또, (3)의 경우는 외국인이 아닌 한국인입니다.

4 '다문화 사회'에 대한 뜻입니다.

5 '학습'은 '배워서 익힘.'이라는 뜻으로, '학문이나 기술을 배우고 익힘.'이라는 뜻의 '공부'와 바꾸어 쓸 수 있습니다.

  어휘력 더하기 ① '연습'은 '학문이나 기예 따위를 익숙하도록 되풀이하여 익힘.'이라는 뜻입니다.
② '노력'은 '목적을 이루기 위하여 몸과 마음을 다하여 애를 씀.'이라는 뜻입니다.
④ '상장'은 '상을 주는 뜻을 표하여 주는 증서.'라는 뜻입니다.
⑤ '학교'는 '일정한 목적·교과 과정·설비·제도 및 법규에 의하여 계속적으로 학생에게 교육을 실시하는 기관.'이라는 뜻입니다.

  알쏭달쏭 맞춤법   ＊맞춤법에 맞게 쓴 낱말에 ○표 하세요.

• 나는 너의 친구(로서 , 로써) 말하는 거야.
  [맞춤법 더하기] '로서'는 주로 '자격'을 나타내는 말이에요. '로써'와 모양과 소리가 비슷하여 헷갈리기 쉬우니 잘 구별해서 쓰도록 해요.

                                                 정답 로서

074 쪽

어휘 학습

❶ 다문화   ❷ 다양

❸ 다정

075 쪽   이해   적용   심화

1 ㉯   2 ㉮   3 ㉰

4 다정   5 다양

6 다문화   7 ②

  이해
1 '다정'은 '정이 많음. 또는 사귀어 든 정이 두터움.'을 뜻하는 말입니다.

2 '다양'은 '여러 가지 모양이나 양식.'을 뜻하는 말입니다.

3 '다문화'는 '여러 인종이나 민족이 어우러져 다양한 언어와 풍습, 생활 양식이 나타나는 문화.'를 뜻합니다.

  적용
4 '정이 많음. 또는 사귀어 든 정이 두터움.'을 뜻하는 '다정'이 들어가는 것이 알맞습니다.

5 '여러 가지 모양이나 양식.'을 뜻하는 '다양'이 들어가는 것이 알맞습니다.

6 '여러 인종이나 민족이 어우러져 다양한 언어와 풍습, 생활 양식이 나타나는 문화.'를 뜻하는 '다문화'가 들어가는 것이 알맞습니다.

  심화
7 여러 가지 음식을 먹어야 하는 것과 같이 여러 종류의 책을 읽어야 한다는 뜻이므로 '여러 가지 모양이나 양식.'을 뜻하는 '다양'이 들어가는 것이 알맞습니다.

076~077 쪽

1 노화 2 ④ 3 ㉐
4 ② 5 ④

장수 마을의 노화를 늦추는 식습관

글의 종류
설명하는 글

글의 특징
노화를 늦추는 장수 마을 사람들의 건강한 식습관에 대하여 설명하는 글입니다.

주제
노화를 늦추는 장수 마을 사람들의 건강한 식습관

1 이 글은 노화를 늦추는 장수 마을 사람들의 식습관을 설명하고 있으므로 제목의 빈칸에는 '노화'가 들어가는 것이 알맞습니다.

2 장수 마을 사람들은 설탕이 많이 들어간 탄산음료는 마시지 않는다고 하였습니다.

✅ 오답 풀이
① 두 번째 문단에서 장수 마을 사람들은 고기를 한 달에 5회 이상 먹지 않는다고 하였습니다.
② 세 번째 문단에서 장수 마을 사람들은 매일 약 일곱 잔 정도의 충분한 물을 마신다고 하였습니다.
③ 두 번째 문단에서 장수 마을 사람들은 설탕이 들어간 과자나 케이크 등의 간식을 적게 먹는다고 하였습니다.
⑤ 세 번째 문단에서 장수 마을 사람들은 콩이나 통곡물, 견과류, 채소, 과일 등을 많이 먹는다고 하였습니다.

3 이 글은 장수 마을 사람들의 노화를 늦추는 특별한 식습관에 대하여 설명하고 있는 글이므로, 세린이가 말한 것이 알맞습니다.

4 '노화'는 '나이가 많아지면서 육체적·정신적 기능이 약해지는 것.'이라는 뜻의 말이므로 ②의 뜻풀이는 바르지 않습니다.

5 ㉠'충분하다'는 '모자람이 없이 넉넉하다.'의 뜻이므로 '필요한 양이나 기준에 미치지 못해 충분하지 아니하다.'라는 뜻의 '부족하다'와 반대되는 뜻을 가지고 있습니다.

어휘력 더하기 ① '약하다'는 '힘의 정도가 작다.'라는 뜻입니다.
② '어렵다'는 '하기가 까다로워 힘에 겹다.'라는 뜻입니다.
③ '낮다'는 '아래에서 위까지의 길이가 짧다.'라는 뜻입니다.
⑤ '좁다'는 (너비나 공간이) 적다.'라는 뜻입니다.

알쏭달쏭 맞춤법 ＊맞춤법에 맞게 쓴 낱말에 ○표 하세요.

• 꿀(로서 , 로써) 단맛을 내요.
[맞춤법 더하기] '로써'는 주로 '수단'을 나타내는 말이에요. '로써'는 '운동을 한 지 오늘로써 3일 째야.'처럼 '시간'을 나타내는 말로도 쓰여요.

정답 로써

---

078 쪽

❶ 노화　　❷ 노인
❸ 노련

079 쪽 [이해] [적용] [심화]

1 ㉮ 2 ㉐ 3 ㉑
4 노인 5 노련 6 노화
7 ㉠

어휘 학습

[이해]
1 '노인'은 '나이가 들어 늙은 사람.'을 뜻합니다.
2 '노화'는 '나이가 많아지면서 육체적·정신적 기능이 약해지는 것.'을 뜻합니다.
3 '노련'은 '어떤 일에 경험이 많아 익숙함.'을 뜻합니다.

[적용]
4 '늙은 사람'과 비슷한 뜻을 가진 말은 '나이가 들어 늙은 사람.'을 뜻하는 말인 '노인'입니다.
5 '익숙'과 비슷한 뜻을 가진 말은 '어떤 일에 경험이 많아 익숙함.'을 뜻하는 말인 '노련'입니다.
6 '나이가 들어 몸이 약해지는'과 비슷한 뜻을 가진 말은 '나이가 많아지면서 육체적·정신적 기능이 약해지는 것.'을 뜻하는 말인 '노화'입니다.

[심화]
7 빈칸에 들어갈 말로 알맞은 것은 '나이가 들어 늙은 사람.'을 뜻하는 '노인'입니다.

080~081 쪽

1 고흐   2 ①

3 ㉯, ㉺   4 ①

5 ②, ④

무명 화가였던 빈센트 반 고흐

글의 종류
전기문

글의 특징
지금은 세계적인 화가이지만 살아 있을 때는 무명 화가였던 빈센트 반 고흐의 삶에 대하여 쓴 글입니다.

주제
지금은 유명한 화가이지만 살아 있을 때는 무명 화가였던 빈센트 반 고흐의 삶

---

1 이 글은 살아 있을 때 무명 화가였던 '빈센트 반 고흐'의 삶에 대하여 쓴 글입니다.

2 이 글은 고흐의 삶에 대하여 쓴 전기문입니다.

   ✔ **오답 풀이**
   ② 고흐를 직접 만나고 쓴 글은 아닙니다.
   ③ 고흐의 작품 제목이 나타나 있지만 그것에 대하여 자세히 설명하고 있지는 않습니다.
   ④ 고흐에게 실제로 있었던 일에 대하여 쓴 글입니다.
   ⑤ 고흐와 관련된 책에 대한 내용은 나타나 있지 않습니다.

3 고흐는 가난해서 학교를 그만두고 미술품을 파는 가게에서 일하였습니다. 또, 동생 테오는 고흐가 화가가 될 수 있도록 많은 도움을 주었습니다.

   ✔ **오답 풀이**
   ㉮ 고갱마저 고흐와 크게 다툰 후 그의 곁을 떠났다고 하였습니다.
   ㉰ 고흐는 지금은 세계적으로 유명한 화가이지만, 살아 있을 때는 아무도 그의 그림에 관심을 가지지 않았다고 하였습니다.

4 ㉠'무명'과 반대의 뜻을 지닌 낱말은 '유명'입니다.

   〖어휘력 더하기〗 '무명'의 '무'는 '없을 무(無)'라는 한자가 들어간 말로, 이름이 널리 알려져 있지 않음을 뜻합니다. 이와 반대되는 뜻을 지닌 '유명'은 '있을 유(有)' 자가 들어간 말로, 이름이 널리 알려져 있다는 뜻입니다.

5 ㉡의 앞부분을 살펴보면 「해바라기」와 「별이 빛나는 밤」 모두 고흐가 그린 그림임을 알 수 있습니다. 그러므로 '그림'이나 '예술 창작 활동으로 얻어지는 제작물.'을 뜻하는 '작품'이라는 말이 들어갈 수 있습니다.

┌───┐
│ 〖알쏭달쏭 맞춤법〗 ＊맞춤법에 맞게 쓴 낱말에 ○표 하세요.
│
│ • (윗어른 , 웃어른)의 말씀을 잘 들어요.
│ 〔맞춤법 더하기〕 '위'의 뜻을 나타낼 때 아래 · 위의 쌍이 없는 경우에는 '웃-'을 쓰고, 아래 · 위의 쌍이 있는 경우에는 '윗'을 쓴다는 것을 기억하고 잘 구별해서 써야 해요.
│   **정답** 웃어른
└───┘

어휘 학습

082 쪽

❶ 무명   ❷ 무리

❸ 무상

083 쪽   이해 적용 심화

1 ㉰ 2 ㉯ 3 ㉮

4 무리 5 무상 6 무명

7 ⑤

(이해)

1 '무상'은 '어떤 행위에 대하여 아무런 대가나 보상이 없음.'을 뜻합니다.

2 '무리'는 '이치에 맞지 않거나 정도에서 지나치게 벗어남.'을 뜻합니다.

3 '무명'은 '이름이 널리 알려져 있지 않음.'을 뜻합니다.

(적용)

4 숙제를 대신 해 달라는 부탁은 정도에서 벗어난 부탁이라는 내용이므로, 빈칸에는 '이치에 맞지 않거나 정도에서 지나치게 벗어남.'을 뜻하는 말인 '무리'가 들어가야 합니다.

5 어려운 사람들에게 쌀을 대가 없이 제공한다는 내용이므로, 빈칸에는 '어떤 행위에 대하여 아무런 대가나 보상이 없음.'을 뜻하는 말인 '무상'이 들어가야 합니다.

6 지금은 유명한 배우이지만 널리 알려지지 않았던 시절이 있었다는 내용이므로, 빈칸에는 '이름이 널리 알려져 있지 않음.'을 뜻하는 말인 '무명'이 들어가야 합니다.

(심화)

7 빈칸에 들어갈 말로 알맞은 말은 '이치에 맞지 않거나 정도에서 지나치게 벗어남.'을 뜻하는 '무리'입니다.

우리나라의 전통 의상 한복

글의 종류
설명하는 글

글의 특징
우리나라의 전통 의상인 한복에 대하여 설명하는 글입니다.

주제
우리나라의 전통 의상인 한복의 특징

1 이 글은 우리 민족의 전통 의상인 한복을 설명하고 있으므로 제목의 빈칸에는 '한복'이 들어가는 것이 알맞습니다.

2 이 글은 우리나라의 전통 의상인 '한복'에 대하여 설명하려고 쓴 글입니다.
> ✔ 오답 풀이
> ① 한복을 만드는 방법에 대한 내용은 나타나 있지 않습니다.
> ② 글쓴이가 한복을 입어 본 경험에 대한 내용은 나타나 있지 않습니다.
> ③ 한복의 좋은 점을 말하고 있지만 자주 입어야 한다고 주장하고 있지는 않습니다.
> ④ 다른 나라의 전통 의상에 대한 내용은 나타나 있지 않습니다.

3 한복은 몸을 조이지 않아 건강에도 좋다고 하였습니다.
> ✔ 오답 풀이
> ① 색이 다양하다고 하였습니다.
> ②, ⑤ 한복은 품이 넉넉하여 주로 앉아서 생활하던 우리 민족에게 알맞고 활동하기에도 편하다고 하였습니다.
> ④ 한복은 직선과 곡선이 조화를 이루어 선이 아름답습니다.

4 ㉠'직선'은 '꺾이거나 굽은 데가 없는 곧은 선.'으로, '모나지 아니하고 부드럽게 굽은 선.'이라는 뜻을 지닌 '곡선'과 반대되는 뜻의 말입니다.
> **어휘력 더하기** 직선(直線)은 '直(곧을 직)'과 '線(선 선)'이 합쳐진 말입니다. 곡선(曲線)의 '曲(굽을 곡)'은 '굽다'라는 뜻이 있으므로 서로 뜻이 반대되는 말이라는 것을 알 수 있습니다.

5 빈칸에 공통으로 들어갈 수 있는 말은 '의상'입니다.

> **알쏭달쏭 맞춤법** *맞춤법에 맞게 쓴 낱말에 ○표 하세요.
>
> • 소라 (껍데기 , 껍질) 안에 누가 살지?
>   [맞춤법 더하기] '껍데기'는 '물체의 겉을 싸고 있는 단단한 물질.'이고, '껍질'은 '물체의 겉을 싸고 있는 단단하지 않은 물질.'이므로 물질의 단단함에 따라 잘 구별해서 써야 해요.
>
>   **정답** 껍데기

 어휘 학습

(이해)
1 '의상'은 '겉에 입는 옷.'을 뜻합니다.
2 '의식주'는 '옷과 음식과 집을 통틀어 이르는 말.'을 뜻합니다.
3 '우의'는 '비가 올 때 비에 젖지 아니하도록 덧입는 옷.'을 뜻합니다.

(적용)
4 ㉡에는 '비가 올 때 비에 젖지 아니하도록 덧입는 옷.'을 뜻하는 말인 '우의'를 넣어 '내일 비가 올 수도 있으니 우의를 챙겨 오세요.'로 쓰는 것이 알맞습니다.
5 ㉮에는 '겉에 입는 옷.'을 뜻하는 말인 '의상'을 넣어 '무대 의상이 조명에 비쳐 반짝거렸다.'로 쓰는 것이 알맞습니다.
6 ㉰에는 '옷과 음식과 집을 통틀어 이르는 말.'을 뜻하는 '의식주'를 넣어 '아직까지도 매일 의식주 걱정을 해야 하는 가난한 사람이 많다.'로 쓰는 것이 알맞습니다.

(심화)
7 빈칸에 들어갈 말로 알맞은 것은 '겉에 입는 옷.'을 뜻하는 '의상'입니다.

088~089 쪽

1 공해 2 ⑤ 3 ①
4 ④ 5 공해(오염)

산업이나 교통의 발달로 생기는 공해

글의 종류
설명하는 글

글의 특징
대표적인 공해인 대기 오염과 수질 오염에 대하여 설명하는 글입니다.

주제
산업이나 교통의 발달로 공해가 생김.

1 이 글에서는 산업이나 교통의 발달에 따라 사람이나 생물이 입게 되는 여러 가지 피해인 공해에 대하여 설명하고 있으므로 이 글의 가장 중심이 되는 낱말은 '공해'입니다.

2 공장은 공기 중으로 매연도 내보내는데, 이것은 공기를 오염시키는 해로운 것이라고 하였습니다.

✔ 오답 풀이
① 세 번째 문단에서 자동차에서 매연이 나와서 공기를 더럽힌다고 하였습니다.
② 첫 번째 문단에서 산업이나 교통의 발달에 따라 사람이나 생물이 입게 되는 여러 가지 피해를 '공해'라고 한다고 하였습니다.
③ 세 번째 문단에서 대기 오염이란 공기가 오염되는 것을 말한다고 하였습니다.
④ 두 번째 문단에서 수질 오염이란 물이 오염되는 것을 말한다고 하였습니다.

3 두 번째 문단과 세 번째 문단에서 공해인 수질 오염과 대기 오염이 생기는 까닭을 알 수 있습니다.

✔ 오답 풀이
② 공해 때문에 생기는 병의 종류에 대해서는 나타나 있지 않습니다.
③ 오염된 공기를 깨끗하게 만드는 방법에 대한 내용은 나타나 있지 않습니다.
④ 오염된 물을 마신 사람들이 큰 병에 걸리기도 한다는 내용만 있습니다.
⑤ 대중교통에 대한 내용은 나타나 있지 않습니다.

4 ㉠'대기'는 '공기'를 달리 이르는 말.'이므로 '공기'와 바꾸어 쓸 수 있습니다.

5 앞 문장으로 보아 ㉡에는 '공해'가 들어가는 것이 알맞습니다.

(어휘력 더하기) '공간'은 '아무것도 없는 빈 곳.'을 뜻하는 말입니다. '공사'는 '시설이나 건물 등을 짓거나 고치는 것.'을 뜻합니다. '공기'는 '지구를 둘러싸고 있으며 사람이 숨을 쉴 때 들이마시고 내쉬는 모든 기체.'를 뜻합니다.

┌───┐
│ **알쏭달쏭 맞춤법** ＊맞춤법에 맞게 쓴 낱말에 ○표 하세요.
│
│ • 봄을 알리는 꽃의 (봉우리 , 봉오리)가 피었어요.
│ [맞춤법 더하기] '봉우리'는 '산에서 뽀족하게 높이 솟은 부분.'이고, '봉오리'는 '망울만 맺히고 아직 피지 않은 꽃.'이므로 각각의 뜻에 따라 잘 구별해서 써야 해요.
│   **정답** 봉오리
└───┘

어휘 학습

090 쪽

❶ 공해   ❷ 공공
❸ 공평

091 쪽 이해 적용 심화

1 공평 2 공공 3 공해
4 ㉯ 5 ㉰ 6 ㉮
7 ④

(이해)
1 '어느 쪽으로도 치우치지 않고 고름.'을 뜻하는 말은 '공평'입니다.
2 '한 사회의 모든 사람의 이익에 관계되는 일.'을 뜻하는 말은 '공공'입니다.
3 '산업이나 교통의 발달에 따라 사람이나 생물이 입게 되는 여러 가지 피해.'를 뜻하는 말은 '공해'입니다.

(적용)
4 ㉯에는 '한 사회의 모든 사람의 이익에 관계되는 일.'을 뜻하는 말인 '공공'이 들어가야 합니다.
5 ㉰에는 '산업이나 교통의 발달에 따라 사람이나 생물이 입게 되는 여러 가지 피해.'를 뜻하는 말인 '공해'가 들어가야 합니다.
6 ㉮에는 '어느 쪽으로도 치우치지 않고 고름.'을 뜻하는 말인 '공평'이 들어가야 합니다.

(심화)
7 바람은 누구에게나 똑같이 분다는 내용의 글이므로, 빈칸에 들어갈 말은 '어느 쪽으로도 치우치지 않고 고름.'을 뜻하는 '공평'입니다.

094~095 쪽

1 양치기 소년　**2** ②

3 ④　**4** ④　**5** ⑤

쌀은 쏟고 주워도 말은 하고 못 주워요

글의 종류
이야기

글의 특징
늑대가 나타났다는 거짓말을 반복하다가 진짜 늑대가 나타났을 때 마을 사람들의 도움을 받지 못한 양치기 소년의 이야기입니다.

주제
말조심의 중요성

1 이 글에서 중심이 되는 인물은 '양치기 소년'입니다.

2 언덕 아래 마을에 늑대가 자주 나타났다는 내용은 이 글에서 찾을 수 없습니다.

✔ **오답 풀이**
① 양치기 소년은 몇 번이나 늑대가 나타났다는 거짓말로 마을 사람들을 속였습니다.
③ 아무도 도와주지 않아서 양치기 소년은 결국 늑대에게 양들을 모두 잃고 말았습니다.
④ 양치기 소년은 매일 양들하고만 지내는 것이 심심해서 거짓말을 했습니다.
⑤ 늑대가 나타났을 때 마을 사람들은 거짓말이라고 생각해서 양치기 소년을 도와주지 않았습니다.

3 양치기 소년은 거짓말을 하다가 결국 양을 모두 잃게 되었으므로 알맞게 말한 사람은 건희입니다.

4 ㉠'거짓말'과 ㉡'참말'은 서로 반대되는 뜻을 가지고 있습니다. 서로 반대되는 뜻이 아닌 것은 ④ '과일 – 사과'입니다.

5 이 글은 말은 다시 수습할 수 없으니 조심해야 한다는 뜻의 '쌀은 쏟고 주워도 말은 하고 못 줍는다'라는 말과 어울립니다.

어휘력 더하기 ① '꿩 먹고 알 먹는다'는 한 가지 일을 하여 두 가지 이상의 이익을 보게 됨을 비유적으로 이르는 말입니다. ② '쥐구멍에도 볕 들 날 있다'는 몹시 고생을 하는 삶도 좋은 운수가 터질 날이 있다는 말입니다. ③ '원숭이도 나무에서 떨어진다'는 아무리 익숙하고 잘하는 사람이라도 간혹 실수할 때가 있음을 비유적으로 이르는 말입니다. ④ '하늘은 스스로 돕는 자를 돕는다'는 하늘은 스스로 노력하는 사람을 성공하게 만든다는 뜻으로, 어떤 일을 이루기 위해서는 자신의 노력이 중요함을 이르는 말입니다.

알쏭달쏭 맞춤법　＊맞춤법에 맞게 쓴 낱말에 ○표 하세요.

• 경기를 (마치고 , 맞히고) 물을 마셔요.
[맞춤법 더하기] '맞히다'는 '문제의 답을 틀리지 않다.'이고, '마치다'는 '어떤 일, 과정, 순서나 차례가 끝나다.'이므로 각각의 뜻에 따라 잘 구별해서 써야 해요.

정답 마치고

어휘 학습

096 쪽

❶ 말　　❷ 어
❸ 호랑이

097 쪽　이해 적용 심화

1 ④　**2** ㉮　**3** ㉰
4 ㉢　**5** ㉠　**6** ㉡
7 (1) ○

이해

1 '호랑이도 제 말 하면 온다'는 어느 곳에서나 그 자리에 없다고 남을 흉보아서는 안 된다는 말입니다.

2 '말이란 아 해 다르고 어 해 다르다'는 말은 같은 내용이라도 표현하는 데 따라서 아주 다르게 들린다는 말입니다.

3 '쌀은 쏟고 주워도 말은 하고 못 줍는다'는 쌀은 쏟아도 주울 수 있으나 말은 다시 수습할 수 없다는 뜻으로, 말을 조심해야 한다는 말입니다.

적용

4 '쌀은 쏟고 주워도 말은 하고 못 줍는다'라는 말이 어울리는 상황입니다.

5 '호랑이도 제 말 하면 온다'라는 말이 어울리는 상황입니다.

6 '말이란 아 해 다르고 어 해 다르다'라는 말이 어울리는 상황입니다.

적용

7 희정이와 유민이가 우주의 흉을 보고 있을 때 우주가 나타난 상황이므로 '호랑이도 제 말 하면 온다'라는 말이 어울리는 상황입니다.

098~099 쪽

1 개구리, 거북

2 ④   3 ⑤

4 독차지   5 ③

우물 안 개구리의 깨달음

글의 종류
이야기

글의 특징
우물에 사는 개구리가 우물이 최고라고 자랑하다가 거북의 바다 이야기를 듣고 우물 밖 세상이 훨씬 넓다는 것을 깨닫게 된다는 이야기입니다.

주제
자신이 알고 있는 세상이 전부라고 착각하지 말아야 함.

1 이 글에서 중심이 되는 인물은 우물에 사는 개구리와 바다에 사는 거북입니다.

2 거북은 십 년 동안 아홉 번의 홍수가 쏟아졌어도 바닷물은 늘어나지 않았고, 팔 년 동안 일곱 번의 가뭄으로 타들어 갔어도 바닷물은 줄지 않았다고 하였습니다.

☑ **오답 풀이**
① 바다는 크기를 잴 수 없을 만큼 크고, 깊이를 잴 수 없을 만큼 깊다고 하였습니다.
② 바다는 아주 크고 깊기 때문에 시간이 흘러도 변하지 않는다고 하였습니다.
③ 거북은 우물이 너무 좁아 들어갈 수가 없었습니다.
⑤ 개구리가 한 말에서 그 내용을 찾을 수 있습니다.

3 ㉠은 자신이 알고 있는 것보다 더 큰 세상이 있다는 것을 깨닫게 된 상황이므로 ⑤가 알맞습니다.

4 '혼자서 모두 차지함.'을 뜻하는 말은 '독차지'입니다.

5 빈칸에 공통으로 들어갈 말은 넓은 세상의 형편을 알지 못하는 사람을 비유적으로 이르거나 견식이 좁아 저만 잘난 줄로 아는 사람을 비꼬는 말인 '우물 안 개구리'입니다.

어휘력 더하기 ① '독 안에 든 쥐'는 궁지에서 벗어날 수 없는 처지를 비유적으로 이르는 말입니다. ② '빛 좋은 개살구'는 겉보기에는 먹음직스러운 빛깔을 띠고 있지만 맛은 없는 개살구라는 뜻으로, 겉만 그럴듯하고 실속이 없는 경우를 비유적으로 이르는 말입니다. ④ '돼지에 진주 목걸이'는 값어치를 모르는 사람에게는 보물도 아무 소용 없음을 비유적으로 이르는 말입니다. ⑤ '아닌 밤중에 홍두깨'는 별안간 엉뚱한 말이나 행동을 함을 비유적으로 이르는 말입니다.

알쏭달쏭 맞춤법 *맞춤법에 맞게 쓴 낱말에 ○표 하세요.

• 줄과 줄 사이를 (벌여 , **벌려**) 주세요.
[맞춤법 더하기] '벌이다'는 '일을 계획하여 시작하거나 펼쳐 놓다.'이고, '벌리다'는 '둘 사이를 넓히거나 멀게 하다.'이므로 각각의 뜻에 따라 잘 구별해서 써야 해요.
정답 벌려

---

100 쪽

❶ 우물   ❷ 낫

❸ 경

101 쪽   이해 적용 심화

1 ㉢   2 ㉠   3 ㉡

4 쇠귀   5 기역

6 개구리   7 (2) ○

어휘 학습

이해

1 '쇠귀에 경 읽기'는 소의 귀에 대고 책을 읽어 봐야 단 한 마디도 알아듣지 못한다는 뜻으로, 아무리 가르치고 일러 주어도 알아듣지 못하거나 효과가 없는 경우를 이르는 말입니다.

2 '우물 안 개구리'는 넓은 세상의 형편을 알지 못하는 사람을 비유적으로 이르는 말입니다. 또 견식이 좁아 저만 잘난 줄로 아는 사람을 비꼬는 말이기도 합니다.

3 '낫 놓고 기역 자도 모른다'는 기역 자 모양으로 생긴 낫을 보면서도 기역 자를 모른다는 뜻으로, 아주 무식함을 비유적으로 이르는 말입니다.

적용

4 '쇠귀에 경 읽기'라는 말이 어울리는 상황입니다.

5 '낫 놓고 기역 자도 모른다'라는 말이 어울리는 상황입니다.

6 '우물 안 개구리'라는 말이 어울리는 상황입니다.

심화

7 아무리 여러 번 이야기해도 고쳐지지 않는 상황에는 '쇠귀에 경 읽기'라는 말이 어울립니다.

102~103 쪽

1 나는 2 ① 3 ⑤
4 ③ 5 (2) ○

뛰는 놈 위에 나는 놈 있답니다

글의 종류
이야기

글의 특징
들쥐를 잡아먹으려던 족제비가 독수리에게 잡힌 이야기를 통해 아무리 재주가 뛰어나더라도 더 뛰어난 사람이 있으니 겸손해야 한다는 교훈을 주는 글입니다.

주제
겸손한 자세의 필요성

1 이 글은 '뛰는 놈 위에 나는 놈 있다'라는 말에 대한 이야기이므로 제목의 빈칸에는 '나는'이 들어가야 합니다.

2 족제비는 들쥐를 놓아줄 생각이 없었습니다.

　✔ 오답 풀이
　② 배가 고파진 족제비는 들쥐를 잡았습니다.
　③ 독수리가 하늘에서 내려와 족제비를 날카로운 발톱으로 움켜쥐었습니다.
　④ 들쥐는 제발 살려 달라며 애처롭게 울었습니다.
　⑤ 족제비는 자신만큼 빠른 동물은 없을 것이라며 자랑스럽게 말했습니다.

3 자신이 빠르다고 뽐내며 들쥐를 잡아먹으려다 독수리에게 잡아먹히게 된 족제비의 이야기를 통해, 자신이 뛰어나다고 하더라도 뽐내지 말고 겸손해야 한다는 교훈을 얻을 수 있습니다.

4 ㉠'빠르다'의 뜻은 '어떤 동작을 하는 데 걸리는 시간이 짧다.'이므로 '어떤 동작을 하는 데 걸리는 시간이 길다.'라는 뜻의 '느리다'가 뜻이 반대되는 말입니다.

　어휘력 더하기 ① '멋지다'는 '보기에 썩 좋다.'라는 뜻입니다. ② '슬프다'는 '원통한 일을 겪거나 불쌍한 일을 보고 마음이 아프고 괴롭다.'라는 뜻입니다. ④ '뛰어나다'는 '남보다 월등히 훌륭하거나 앞서 있다.'라는 뜻입니다. ⑤ '뾰족하다'는 '물체의 끝이 점차 가늘어져서 날카롭다.'라는 뜻입니다.

5 자신이 잘한다고 생각했지만 더 잘하는 사람이 있는 상황인 (2)가 '뛰는 놈 위에 나는 놈 있다'는 말에 어울립니다.

> **알쏭달쏭 맞춤법** ＊맞춤법에 맞게 쓴 낱말에 ○표 하세요.
>
> • 친구에게 편지를 (부치고 , 붙이고) 왔어요.
> [맞춤법 더하기] '부치다'는 '편지나 물건 등을 상대에게로 보내다.'이고, '붙이다'는 '맞닿아 떨어지지 않게 하다.'이므로 각각의 뜻에 따라 잘 구별해서 써야 해요.
> **정답** 부치고

104 쪽

❶ 나는 ❷ 먹
❸ 친구

105 쪽 이해 적용 심화

1 ㉯ 2 ㉰ 3 ㉮
4 강남 5 뛰는 6 먹
7 (2) ○

어휘 학습

　이해
1 '친구 따라 강남 간다'는 자기는 하고 싶지 아니하나 남에게 끌려서 덩달아 하게 됨을 이르는 말입니다.

2 '뛰는 놈 위에 나는 놈 있다'는 아무리 재주가 뛰어나다 하더라도 그보다 더 뛰어난 사람이 있다는 뜻입니다.

3 '먹을 가까이하면 검어진다'는 좋지 못한 사람과 사귀게 되면, 그를 닮아 악에 물들게 됨을 이르는 말입니다.

　적용
4 '친구 따라 강남 간다'가 어울리는 상황입니다.

5 '뛰는 놈 위에 나는 놈 있다'가 어울리는 상황입니다.

6 '먹을 가까이하면 검어진다'가 어울리는 상황입니다.

　심화
7 착한 사람과 함께 오래 지내면 자연스럽게 비슷한 착한 사람이 되고 나쁜 사람과 있으면 그와 비슷한 악한 사람이 된다는 내용으로, '먹을 가까이하면 검어진다'라는 말이 어울리는 글입니다.

1 아들, 아버지

2 빨래터, 우물가

3 ④ **4** ③ **5** ⑤

사공이 많으면 배가 산으로 간대요

글의 종류
이야기

글의 특징
남의 말만 듣다가 결국 당나귀를 잃은 아버지와 아들의 이야기를 담은 글입니다.

주제
주관하는 사람 없이 여러 사람이 자기주장만 내세우면 일이 제대로 되기 어려움.

1 당나귀를 팔러 시장에 가던 아버지와 아들이 이 글의 중심인물입니다.

2 당나귀를 팔러 가던 아버지와 아들은 큰 나무 앞과 정자를 거쳐 빨래터, 우물가를 지나 시장 입구에 있는 다리로 갔습니다.

3 아버지와 아들은 자신의 의견 없이 남의 의견만 듣다가 결국 당나귀를 잃었으므로 어리석습니다.

4 '벌어진 일의 형편과 모양.'을 뜻하는 말은 '광경'입니다.

✅ **오답 풀이**
① '시장'은 '여러 가지 상품을 사고파는 일정한 장소.'를 뜻합니다.
② '버릇'은 '오랫동안 자꾸 반복하여 몸에 익어 버린 행동.'이라는 뜻을 지니고 있습니다.
④ '발버둥'은 '주저앉거나 누워서 두 다리를 번갈아 내뻗었다 오므렸다 하면서 몸부림을 하는 일.'을 뜻합니다.
⑤ '후회'는 '이전의 잘못을 깨치고 뉘우침.'을 뜻합니다.

5 주관하는 사람 없이 여러 사람이 자기주장만 내세우면 일이 제대로 되기 어려움을 이르는 말인 '사공이 많으면 배가 산으로 간다'가 어울립니다.

어휘력 더하기 ① '병 주고 약 준다'는 남을 해치고 나서 약을 주며 그를 구원하는 체한다는 뜻으로, 교활하고 음흉한 자의 행동을 비유적으로 이르는 말입니다. ② '배보다 배꼽이 더 크다'는 배보다 거기에 있는 배꼽이 더 크다는 뜻으로, 기본이 되는 것보다 덧붙이는 것이 더 많거나 큰 경우를 비유적으로 이르는 말입니다. ③ '남의 손의 떡은 커 보인다'는 물건은 남의 것이 제 것보다 더 좋아 보이고 일은 남의 일이 제 일보다 더 쉬워 보임을 비유적으로 이르는 말입니다. ④ '개구리 올챙이 적 생각 못 한다'는 형편이나 사정이 전에 비하여 나아진 사람이 지난날의 미천하거나 어렵던 때의 일을 생각지 아니하고 처음부터 잘난 듯이 뽐냄을 비유적으로 이르는 말입니다.

알쏭달쏭 맞춤법 * 맞춤법에 맞게 쓴 낱말에 ○표 하세요.

• 내가 (시키는 , 식히는) 대로 해.
[맞춤법 더하기] '시키다'는 '어떤 일이나 행동을 하게 하다.'이고, '식히다'는 '더운 기운이 없어지게 하다.' 이므로 각각의 뜻에 따라 잘 구별해서 써야 해요.

정답 시키는

어휘 학습

❶ 산   ❷ 정
❸ 물

이해 적용 심화

1 ④ **2** ⓓ **3** ㉮
4 ㉠ **5** ㉡ **6** ㉢
7 (1) ○

이해

1 '물이 깊어야 고기가 모인다'는 자기에게 어진 행동으로 얻은 사람들의 존경이 있어야 사람들이 따르게 됨을 비유적으로 이르는 말입니다.

2 '사공이 많으면 배가 산으로 간다'는 여러 사람이 저마다 제 주장대로 배를 몰려고 하면 결국에는 배가 물로 못 가고 산으로 올라간다는 뜻으로, 주관하는 사람 없이 여러 사람이 자기주장만 내세우면 일이 제대로 되기 어려움을 비유적으로 이르는 말입니다.

3 '가는 정이 있어야 오는 정이 있다'는 자기가 남에게 말이나 행동을 좋게 하여야 남도 자기에게 좋게 한다는 말입니다.

적용

4 '물이 깊어야 고기가 모인다'라는 말이 어울리는 상황입니다.

5 '사공이 많으면 배가 산으로 간다'라는 말이 어울리는 상황입니다.

6 '가는 정이 있어야 오는 정이 있다'라는 말이 어울리는 상황입니다.

심화

7 황희 정승의 인품이 훌륭하여 백성들이 따랐다는 이야기로 '물이 깊어야 고기가 모인다'라는 말과 어울립니다.

1 아들, 어머니 2 민재

3 ④　　4 ②　　5 ③

바늘 도둑이 소도둑 되었어요

글의 종류
이야기

글의 특징
작은 것을 훔치다가 점점 큰 것을 훔치고 결국 벌을 받게 된 아들의 이야기입니다.

주제
작은 나쁜 짓도 자꾸 하게 되면 큰 죄를 저지르게 됨.

1 이 글의 중심인물은 어머니와 아들입니다.

2 이 글은 아들과 어머니에게 일어난 일을 통해 읽는 사람에게 교훈을 주는 글입니다. 따라서 알맞게 말한 친구는 민재입니다.

3 아들이 다른 사람의 물건을 훔쳐서 가져왔을 때 어머니는 혼내기는커녕 아들을 칭찬했습니다.

✅ 오답 풀이
① 어머니는 하나뿐인 아들이라 소중하게 여기며 키웠다고 했습니다.
② 어머니는 아들을 너무 소중하게 여긴 나머지 아들이 잘못을 해도 혼내지 않았습니다.
③ 아들이 친구의 책을 가져왔을 때 어머니는 아들을 꾸짖기는커녕 칭찬했습니다.
⑤ 어른이 된 아들은 어떤 상인의 집에서 도둑질을 하다가 결국 붙잡히고 말았습니다.

4 '칭찬하다'는 '좋은 점이나 착하고 훌륭한 일을 높이 평가하다.'라는 뜻이므로 '윗사람이 아랫사람의 잘못에 대하여 엄하게 나무라다.'라는 뜻의 '꾸짖다'와 바꾸어 쓸 수 없습니다.

[어휘력 더하기] ① '혼내다'는 '윗사람이 아랫사람의 잘못에 대하여 호되게 나무라거나 벌을 주다.'라는 뜻입니다. ③ '꾸중하다'는 '아랫사람의 잘못을 꾸짖다.'라는 뜻입니다. ④ '야단치다'는 '소리를 높여 호되게 꾸짖다.'라는 뜻입니다. ⑤ '나무라다'는 '상대방의 잘못이나 부족한 점을 꼬집어 말하다.'라는 뜻입니다.

5 작은 것을 훔치던 아들이 점점 비싸고 귀한 물건을 훔치는 도둑이 되었다는 이야기와 가장 어울리는 말은 '바늘 도둑이 소도둑 된다'입니다.

알쏭달쏭 맞춤법 ＊맞춤법에 맞게 쓴 낱말에 ○표 하세요.

• 하늘을 (나는 , 날으는) 작은 새
[맞춤법 더하기] '날다'는 '공중에 떠서 위치를 움직이다.'라는 뜻으로, '날다'에 '-는'이 연결되면 'ㄹ'이 탈락되어 '나는'이 돼요. '날으는'은 잘못된 말이므로 쓰지 않도록 해요.
정답 나는

어휘 학습

❶ 바늘　　❷ 감

❸ 송아지

이해 ─ 적용 ─ 심화

1 ⓒ　2 ㉠　3 ⓛ

4 소　5 못　6 뿔

7 (1) ○

[이해]

1 '되지못한 것이 엇나가는 짓만 한다는 말.'은 '못된 송아지 엉덩이에 뿔이 난다'의 뜻입니다.

2 '제 것으로 만들지 못할 바에야 남도 갖지 못하게 못쓰게 만들자는 뒤틀린 마음을 이르는 말.'은 '못 먹는 감 찔러나 본다'의 뜻입니다.

3 '바늘을 훔치던 사람이 계속 반복하다 보면 결국은 소까지도 훔친다는 뜻으로, 작은 나쁜 짓도 자꾸 하게 되면 큰 죄를 저지르게 됨을 비유적으로 이르는 말.'은 '바늘 도둑이 소도둑 된다'의 뜻입니다.

[적용]

4 '바늘 도둑이 소도둑 된다'가 어울리는 상황입니다.

5 '못 먹는 감 찔러나 본다'가 어울리는 상황입니다.

6 '못된 송아지 엉덩이에 뿔이 난다'가 어울리는 상황입니다.

[심화]

7 아이를 반으로 나누면 아이가 죽게 됩니다. 가짜 어머니는 자신이 가지지 못하면 남도 가지지 못하게 망쳐 버리려는 뒤틀린 마음을 가졌으므로 '못 먹는 감 찔러나 본다'와 어울립니다.

1 농부, 세 아들

2 ②   3 (2) ○

4 ③   5 ④

부모 말을 들으면 자다
가도 떡이 생긴답니다

글의 종류
이야기

글의 특징
사이가 좋지 않은 형제가 아
버지의 유언에 따라 포도밭
을 파헤치다가 함께 땀을 흘
려서 일을 하라는 아버지의
깊은 뜻을 깨닫고 사이좋게
살게 되었다는 이야기입니다.

주제
부모의 말을 잘 듣고 따르면
좋은 일이 생김.

1 이 글에 등장하는 인물은 농부와 그의 세 아들입니다.

2 세 아들이 포도밭 가장 구석에서 보물을 발견했다는 내용은 없습니다.

✅ **오답 풀이**
① 농부는 세 아들에게 평생 소중히 가꾸어 온 보물을 포도밭 깊숙한 곳에 숨겨 놓았으니 그것을 찾아서 나누어
가지기를 바란다는 유언을 남겼습니다.
③ 농부가 세상을 떠나자 세 아들은 숨겨진 보물을 찾으려고 포도밭을 파헤쳤습니다.
④ 농부는 게으르고 사이가 좋지 않은 세 아들을 항상 걱정했습니다.
⑤ 글의 끝부분에 세 아들이 아버지의 유언의 뜻을 깨닫고 함께 농사를 지으며 사이좋게 살았다는 내용이 있습
니다.

3 농부는 늘 게으르고 사이가 좋지 않은 세 아들을 걱정했습니다. 이 사실과 농부가 유언한
내용으로 보아 농부가 숨겨 둔 보물은 세 아들이 사이좋게 포도 농사를 짓는 것임을 짐작
할 수 있습니다.

4 빈칸에는 알이 굵은 포도가 많이 달려 있는 모습을 흉내 내는 말이 들어가야 합니다. 따
라서 알맞은 말은 열매 따위가 많이 달려 있는 모양을 뜻하는 '주렁주렁'입니다.

어휘력 더하기 사람이나 사물의 모양이나 움직임을 흉내 내는 말을 사용하면 내용을 더 실감 나게 재미있게 표
현할 수 있습니다. 예 살금살금, 번쩍번쩍, 폴짝폴짝

5 '문득'은 '생각이나 느낌 따위가 갑자기 떠오르는 모양.'이라는 뜻을 가지고 있으므로 '갑
자기'와 바꾸어 쓸 수 있습니다.

알쏭달쏭 맞춤법   * 맞춤법에 맞게 쓴 낱말에 ○표 하세요.

• 가게에 (들려 , 들러) 과자를 샀다.
[맞춤법 더하기] '들르다'는 '지나가는 길에 잠깐 들어가 머무르다.'이고, '들리다'는 '어떤 소리가 귀를 통해
들어오다.'이므로 각각의 뜻에 따라 잘 구별해서 써야 해요.

정답 들러

❶ 부모   ❷ 피
❸ 손가락

이해 적용 심화

1 ㉮   2 ㉱   3 ㉯
4 ○   5 ○   6 ✕
7 ㉡

 **어휘
학습**

이해

1 '피는 물보다 진하다'는 혈육의 정이 깊음을 이르는 말입니다.

2 '열 손가락 깨물어 안 아픈 손가락이 없다'는 혈육은 다 귀하고 소중함을 비유적으로 이르
는 말입니다.

3 '부모 말을 들으면 자다가도 떡이 생긴다'는 부모의 말을 잘 듣고 순종하면 좋은 일이 생
긴다는 말입니다.

적용

4 '열 손가락 깨물어 안 아픈 손가락이 없다'는 혈육은 다 귀하고 소중함을 비유적으로 이르
는 말이므로, 알맞게 쓰였습니다.

5 '부모 말을 들으면 자다가도 떡이 생긴다'는 부모의 말을 잘 듣고 순종하면 좋은 일이 생
긴다는 말이므로, 알맞게 쓰였습니다.

6 '피는 물보다 진하다'는 혈육의 정이 깊음을 이르는 말이므로, 알맞지 않게 쓰였습니다.

심화

7 엄마께서 아이들 모두의 편이라고 하신 말씀은 '열 손가락 깨물어 안 아픈 손가락이 없다'
라는 말과 바꾸어 쓸 수 있습니다.

벼 이삭은 익을수록 고개를 숙여요

글의 종류
생활문

글의 특징
지위와 명예가 높아질수록 겸손해야 한다고 벼 이삭에 빗대어 말하는 글입니다.

주제
지위와 명예가 높아질수록 겸손해야 함.

1 글의 내용으로 보아, 제목의 빈칸에는 '고개'가 들어가는 것이 알맞습니다.

2 껍질만 있고 알맹이가 들어 있지 않은 벼 이삭을 '쭉정이'라고 하며, 쭉정이 벼는 키가 자라도 고개를 숙이지 않습니다.

✔ 오답 풀이
① 첫 번째 문단에서 땅이 녹고 봄이 되면 논에 벼를 심는다고 했습니다.
③ 곡식에서 열매가 열리는 부분을 '이삭'이라고 하는데, 벼는 익을수록 이삭의 무게가 무거워집니다.
④ '여름 내 쑥쑥 자라서 초록빛 바다를 만들어요.'에서 알 수 있습니다.
⑤ 가을이 되어 벼가 점점 익어 가면 황금빛 들판을 볼 수 있다고 했습니다.

3 ㉠'겸손한 사람'에 해당하는 사람은 올림픽에서 금메달을 따고도 그저 운이 좋았다고 말한 선수입니다.

4 '가볍다'와 뜻이 반대되는 말은 '무겁다'입니다.

5 이 글은 지위와 명예가 높아지면 벼 이삭처럼 자신을 낮출 수 있는 겸손함이 있어야 한다고 말하고 있으므로 '벼 이삭은 익을수록 고개를 숙인다'는 말과 어울립니다.

어휘력 더하기 ① '고래 싸움에 새우 등 터진다'는 강한 자들끼리 싸우는 통에 아무 상관도 없는 약한 자가 중간에 끼어 피해를 입게 됨을 비유적으로 이르는 말입니다. ② '똥 묻은 개가 겨 묻은 개 나무란다'는 자기는 더 큰 흉이 있으면서 도리어 남의 작은 흉을 본다는 말입니다. ④ '오르지 못할 나무는 쳐다보지도 마라'는 자기의 능력 밖의 불가능한 일에 대해서는 처음부터 욕심을 내지 않는 것이 좋다는 말입니다. ⑤ '낮말은 새가 듣고 밤말은 쥐가 듣는다'는 아무도 안 듣는 데서라도 말조심해야 한다는 말입니다.

┌───┐
│ 알쏭달쏭 맞춤법 *맞춤법에 맞게 쓴 낱말에 ○표 하세요.

• 눈이 (부수게 , 부시게) 아름다워요.
[맞춤법 더하기] '부시다'는 '빛이나 색이 강하여 마주 보기가 어렵다.'이고, '부수다'는 '단단한 물체를 여러 조각이 나게 깨뜨리다.'이므로 각각의 뜻에 따라 잘 구별해서 써야 해요.
                                                정답 부시게
└───┘

어휘 학습

이해
1 '돌다리도 두들겨 보고 건너라'의 뜻입니다.

2 '하늘이 무너져도 솟아날 구멍이 있다'의 뜻입니다.

3 '벼 이삭은 익을수록 고개를 숙인다'의 뜻입니다.

적용
4 '하늘이 무너져도 솟아날 구멍이 있다'는 아무리 어려운 경우에 처하더라도 살아 나갈 방도가 생긴다는 말이므로, 알맞게 쓰였습니다.

5 '벼 이삭은 익을수록 고개를 숙인다'는 교양이 있고 수양을 쌓은 사람일수록 겸손하고 남 앞에서 자기를 내세우려 하지 않는다는 말이므로, 알맞지 않게 쓰였습니다.

6 '돌다리도 두들겨 보고 건너라'는 잘 아는 일이라도 세심하게 주의하라는 말이므로, 알맞게 쓰였습니다.

심화
7 오누이가 호랑이에게 잡힐 뻔한 순간에 하늘에서 동아줄이 내려왔으므로, '하늘이 무너져도 솟아날 구멍이 있다'라는 말과 어울립니다.

124~125 쪽

1 꼬리, 길다   2 ②

3 ④   4 ①   5 ③

'꼬리가 길다'의 두 가지 뜻

글의 종류
설명하는 글

글의 특징
'꼬리가 길다'라는 말의 두 가지 뜻에 대하여 설명하는 글입니다.

주제
'꼬리가 길다'라는 말의 뜻

1 이 글은 관용어 '꼬리가 길다'에 대하여 설명하는 글입니다.

2 첫 번째 문단에 '꼬리가 길다'라는 말은 꼬리가 긴 동물과는 관련이 없다는 내용이 있습니다.

✔ 오답 풀이

② 두 번째 문단의 첫 번째 문장에 있는 내용입니다.

③ 두 번째 문단에서 '꼬리가 길다'는 못된 짓을 오래 두고 계속해서 들키거나 그럴 것이라는 경고를 할 때 '잡히다'라는 말과 함께 사용한다고 하였습니다.

④ 두 번째 문단의 두 번째 문장에 있는 내용입니다.

⑤ 세 번째 문단에서 문을 닫으라는 말을 '꼬리가 길다'라는 말로 돌려서 이야기한다고 하였습니다.

3 ㉮에서는 '방문을 닫지 않고 드나들다.'의 뜻으로, ㉯에서는 '못된 짓을 오래 두고 계속하다.'의 뜻으로 쓰였습니다.

4 ㉡'닫아야'와 ㉢'열어'에서 '닫다'와 '열다'는 서로 반대되는 뜻을 지닌 말입니다. ①의 '가다'와 '뛰다'는 반대되는 뜻을 지닌 말이 아닙니다.

어휘력 더하기 '가다'는 '한곳에서 다른 곳으로 장소를 이동하다.'라는 뜻으로, 반대되는 뜻을 지닌 말은 '어떤 사람이 말하는 사람 혹은 기준이 되는 사람이 있는 쪽으로 움직여 위치를 옮기다.'라는 뜻의 '오다'입니다. '뛰다'는 '발을 몹시 재게 움직여 빨리 나아가다.'라는 뜻이므로 '가다'와 반대되는 뜻을 지닌 말이 아닙니다.

5 ①~④는 모두 다의어인 '부드럽다'의 뜻으로, ㉣은 ③의 뜻으로 쓰였습니다. ⑤는 '거칠다'의 뜻입니다.

알쏭달쏭 맞춤법 *맞춤법에 맞게 쓴 낱말에 ○표 하세요.

• 가로등 불빛이 길을 (비추다 , 비치다).

[맞춤법 더하기] '비치다'는 '빛이 나서 환하게 되다.'이고, '비추다'는 '다른 대상에 빛을 보내어 밝게 하다.'이므로 각각의 뜻에 따라 잘 구별해서 써야 해요.

정답 비추다

---

126 쪽

❶ 꼬리   ❷ 꼬리

❸ 꼬리

127 쪽 이해 적용 심화

1 ㉯   2 ㉮   3 ㉯

4 ○   5 ×   6 ○

7 ②

어휘 학습

이해

1 '꼬리가 길다'는 '못된 짓을 오래 두고 계속하다.' 또는 '방문을 닫지 않고 드나들다.'라는 뜻입니다.

2 '꼬리를 물다'는 '계속 이어지다.'라는 뜻입니다.

3 '꼬리를 내리다'는 '상대편에게 기세가 꺾여 물러서거나 움츠러들다.'라는 뜻입니다.

적용

4 '상대편에게 기세가 꺾여 물러서거나 움츠러들다.'라는 뜻의 '꼬리를 내리다'라는 말이 바르게 쓰였습니다.

5 '꼬리가 길다'는 '못된 짓을 오래 두고 계속하다.' 또는 '방문을 닫지 않고 드나들다.'라는 뜻이므로 이 문장에서는 바르게 쓰이지 못하였습니다.

6 '계속 이어지다.'라는 뜻의 '꼬리를 물다'라는 말이 바르게 쓰였습니다.

심화

7 이야기가 계속 이어진다는 내용이므로 빈칸에 들어갈 말은 '꼬리를 물고'입니다.

1 이 글은 까마귀가 머리를 굴려서 목마름을 해결한 이야기이므로 제목의 빈칸에는 '머리'가 들어가는 것이 알맞습니다.

2 물병 입구가 너무 좁아서 까마귀는 물을 마실 수 없었습니다.

✔ **오답 풀이**
① '까마귀 한 마리가 너무 목이 말랐어요.'라는 문장을 통해 알 수 있습니다.
② '이리저리 날아다니다가 간신히 물이 든 병 하나를 찾아냈어요.'라는 문장을 통해 알 수 있습니다.
④ 까마귀는 여기저기 널려 있는 작은 돌멩이들을 입으로 물어 왔다고 하였습니다.
⑤ 까마귀가 물병 안에 돌멩이를 하나씩 넣었더니 물병 입구까지 물이 올라와서 목마름을 해결할 수 있었다고 하였습니다.

3 이 글을 통해 답을 알 수 있는 내용은 '머리를 굴리다'의 뜻입니다. 다른 질문들은 이 글을 읽고 알 수 없는 내용입니다.

4 ⓒ'작은'은 '조그마한', '자그마한' 등과 바꾸어 쓸 수 있습니다. '커다란'은 '작은'과 반대되는 뜻을 지니고 있습니다.

(어휘력 더하기) '간신히'와 '겨우'는 비슷한 뜻을 지닌 말입니다. 비슷한 뜻을 지닌 말은 서로 바꾸어 쓸 수 있습니다. '조금 – 약간', '도저히 – 도무지', '마침내 – 결국'은 비슷한 뜻을 지닌 말들입니다.

5 ㉮'뾰족한'은 '꼭 알맞게 느껴지고 두드러지는.'이라는 뜻입니다.

알쏭달쏭 맞춤법   *맞춤법에 맞게 쓴 낱말에 ○표 하세요.

• 장마가 (거치고 , 걷히고) 날이 밝아졌어요.
[맞춤법 더하기] '거치다'는 '오가는 도중에 어디를 지나거나 들르다.'이고, '걷히다'는 '구름이나 안개 등이 없어지다.'이므로 각각의 뜻에 따라 잘 구별해서 써야 해요.
정답 걷히고

어휘 학습

(이해)
1 '머리를 굴리다'의 뜻입니다.
2 '머리를 식히다'의 뜻입니다.
3 '머리를 맞대다'의 뜻입니다.

(적용)
4 '머리를 써서 해결 방안을 생각해 내다.'라는 뜻의 '머리를 굴리다'라는 말이 알맞게 쓰였습니다.
5 '흥분되거나 긴장된 마음을 가라앉히다.'라는 뜻의 '머리를 식히다'라는 말이 알맞게 쓰였습니다.
6 '머리를 맞대다'는 '어떤 일을 의논하거나 결정하기 위하여 서로 마주 대하다.'라는 뜻이므로 이 문장에서는 알맞게 쓰이지 못했습니다.

(심화)
7 공부를 하다가 잠시 산책하며 쉬려는 상황이므로, '흥분되거나 긴장된 마음을 가라앉히다.'라는 뜻의 '머리를 식히다'가 어울립니다.

132~133 쪽

1 기다리다   2 ①

3 ㉮   4 ①   5 ③

손꼽아 기다려요

글의 종류
설명하는 글

글의 특징
여러 가지 예시를 통해 '손꼽아 기다리다'라는 관용어를 설명하는 글입니다.

주제
'손꼽아 기다리다'의 뜻

1 이 글에서는 '손꼽아 기다리다'라는 말을 설명하고 있습니다.

2 글쓴이가 이 글을 쓴 까닭은 '손꼽아 기다리다'라는 관용어의 뜻을 설명하기 위해서입니다.

3 이 글에는 어드벤트 캘린더가 무엇인지에 대한 내용이 나타나 있습니다.

✔ 오답 풀이
㉯ 우리나라에 어떤 명절이 있는지에 대한 내용은 나타나 있지 않습니다.
㉰ 크리스마스에 먹는 음식에 대한 내용은 나타나 있지 않습니다.

4 '작다'와 뜻이 반대되는 말은 '크다'입니다.

어휘력 더하기 반대되는 뜻을 가진 말들끼리는 공통되는 부분이 있습니다. '높은'과 '낮은'은 서로 뜻은 반대이지만, 모두 '위치'를 나타낸다는 공통점이 있습니다. '빠른'과 '느린'도 뜻이 반대이지만, 모두 '속도'를 나타낸다는 공통점이 있습니다. '두껍다'와 '얇다'는 '두께'를, '무겁다'와 '가볍다'는 '무게'를, '크다'와 '작다'는 '크기'를 나타낸다는 공통점이 있습니다.

5 '손꼽아 기다리다'는 '기대에 차 있거나 안타까운 마음으로 날짜를 꼽으며 기다리다.'라는 뜻으로, 이미 다녀온 가족 여행을 손꼽아 기다린다고 말하는 것은 알맞지 않습니다.

알쏭달쏭 맞춤법 *맞춤법에 맞게 쓴 낱말에 ○표 하세요.

• 서랍이 잘 (다쳤는지 , 닫혔는지) 확인해요.
[맞춤법 더하기] '다치다'는 '부딪치거나 맞거나 하여 몸에 상처가 생기다.'이고, '닫히다'는 '문, 뚜껑, 서랍 등이 제자리로 가게 되다.'이므로 각각의 뜻에 따라 잘 구별해서 써야 해요.
정답 닫혔는지

어휘 학습

134 쪽

❶ 손꼽아   ❷ 손
❸ 손

135 쪽 이해 적용 심화

1 ㉯   2 ㉮   3 ㉰
4 ○   5 ×   6 ○
7 ④

이해

1 '손이 크다'는 '씀씀이가 후하고 크다.'라는 뜻입니다.

2 '손을 맞잡다'는 '서로 뜻을 같이 하여 긴밀하게 협력하다.'라는 뜻입니다.

3 '손꼽아 기다리다'는 '기대에 차 있거나 안타까운 마음으로 날짜를 꼽으며 기다리다.'라는 뜻입니다.

적용

4 '기대에 차 있거나 안타까운 마음으로 날짜를 꼽으며 기다리다.'라는 뜻의 '손꼽아 기다리다'라는 말이 바르게 쓰였습니다.

5 '손이 크다'는 '씀씀이가 후하고 크다.'라는 뜻이므로 이 문장에서는 바르게 쓰이지 못했습니다.

6 '서로 뜻을 같이 하여 긴밀하게 협력하다.'라는 뜻의 '손을 맞잡다'라는 말이 바르게 쓰였습니다.

심화

7 두 사람이 서로 힘을 합쳐서 문제를 해결하기로 하였다는 뜻이므로 빈칸에는 '손을 맞잡고'가 들어가는 것이 알맞습니다.

코가 납작해진 토끼

글의 종류
설명하는 글

글의 특징
토끼와 거북의 달리기 경주
이야기를 통해 '코'와 관련한
관용어를 설명하는 글입니다.

주제
'코'와 관련한 관용어

1 달리기 경주에서 진 토끼의 코가 납작해진 이야기가 나타나 있으므로 제목의 빈칸에는
'토끼'가 들어가야 합니다.

2 이 글에서는 토끼와 거북의 달리기 경주 이야기를 통해 코와 관련한 관용어를 설명하고
있습니다.
   ✔ 오답 풀이
   ① 코를 소중히 여겨야 한다는 내용은 없습니다.
   ② 귀와 관련한 속담이 아닌 코와 관련한 관용어에 대해 이야기하고 있습니다.
   ③ 실제로 있었던 이야기는 나오지 않습니다.
   ⑤ 다른 사람을 함부로 놀리면 안 된다는 주장을 하는 글은 아닙니다.

3 달리기 경주에서 결국 거북이 승리했습니다.

4 '코가 높다'는 '잘난 체하고 뽐내는 기세가 있다.'라는 뜻의 말이고, '코웃음을 치다'는 '남
을 깔보고 비웃다.'라는 뜻의 말입니다.

5 자신이 거북보다 더 빠르다고 잘난 체하고 뽐내던 토끼가 달리기 경주에서 거북에게 졌으
므로, ㉠에는 '몹시 창피를 당하거나 기가 죽다.'라는 뜻의 '코가 납작해지다'가 들어가는
것이 알맞습니다.

> **어휘력 더하기** ① '코가 빠지다'는 '근심에 싸여 기가 죽고 맥이 빠지다.'라는 뜻입니다.
> ② '코가 꿰이다'는 '약점이 잡히다.'라는 뜻입니다.
> ③ '코가 솟다'는 '뽐낼 일이 있어 우쭐해지다.'라는 뜻입니다.
> ⑤ '코가 땅에 닿다'는 '머리를 깊이 숙이다.'라는 뜻입니다.

> **알쏭달쏭 맞춤법** *맞춤법에 맞게 쓴 낱말에 ○표 하세요.
>
> • 그릇을 선반에 (업어 , 엎어) 놓았어요.
> [맞춤법 더하기] '업다'는 '사람이나 동물 등을 등에 붙어 있게 하다.'이고, '엎다'는 '물건 등을 거꾸로 돌려
> 위가 밑을 향하게 하다.'이므로 각각의 뜻에 따라 잘 구별해서 써야 해요.
> **정답** 엎어

> **어휘
> 학습**

이해

1 '코가 꿰이다'의 뜻은 '약점이 잡히다.'입니다.

2 '콧등이 시큰하다'의 뜻은 '어떤 일에 감격하거나 슬퍼서 눈물이 나오려 하다.'입니다.

3 '코가 납작해지다'의 뜻은 '몹시 창피를 당하거나 기가 죽다.'입니다.

적용

4 슬픈 영화를 보고 눈물이 나려 한다는 뜻이므로 '어떤 일에 감격하거나 슬퍼서 눈물이 나
오려 하다.'의 뜻을 가진 '콧등이 시큰하다'가 어울립니다.

5 '약점이 잡히다.'라는 뜻을 가진 '코가 꿰이다'가 어울립니다.

6 잘난 척을 했지만 팔씨름에서 진 상황이므로 '몹시 창피를 당하거나 기가 죽다.'라는 뜻의
'코가 납작해지다'가 어울립니다.

심화

7 하은이가 작별 인사를 하다가 눈에 눈물이 맺힌 내용이므로 '콧등이 시큰하다'는 말이 어
울립니다.

142~143 쪽

1 흉내 내는   2 ③

3 ㉮   4 ⑤   5 ③

흉내 내는 말과 꾸며 주는 말

글의 종류
설명하는 글

글의 특징
흉내 내는 말과 꾸며 주는 말에 대하여 설명하는 글입니다.

주제
흉내 내는 말과 꾸며 주는 말의 뜻과 사용하면 좋은 점

1 흉내 내는 말과 꾸며 주는 말의 뜻과 이와 같은 말을 썼을 때의 좋은 점에 대하여 설명하는 글입니다. 따라서 빈칸에는 '흉내 내는'이 들어가야 합니다.

2 꾸며 주는 말은 뒤에 오는 말을 꾸며 주어 뜻을 자세하게 해 주는 말로, 한 문장에서 꾸며 주는 말은 여러 개 쓸 수 있습니다.

3 동시를 쓸 때 흉내 내는 말을 사용하면 더욱 재미있고 실감 나게 표현할 수 있으므로 ㉮가 알맞습니다.

❖ **오답 풀이**
㉯ '하얀 꽃이 활짝 피었다'에서 '하얀'은 꾸며 주는 말입니다.
㉰ 일기를 쓸 때 꾸며 주는 말을 사용하면 겪은 일과 느낌을 정확하고 실감 나게 표현할 수 있습니다.

4 '갸우뚱갸우뚱'은 물체가 이쪽저쪽으로 자꾸 갸울어지며 흔들리는 모양을 흉내 내는 말입니다.

5 '바다'는 꾸며 주는 말이 아니라 꾸밈을 받는 말입니다. '넓고 푸른'은 '바다'를, '커다란'은 '배'를, '둥둥'은 '떠다닌다'를 꾸며 주는 말입니다.

어휘력 더하기 '빠른', '노란'과 같이 사람이나 사물의 성질이나 상태를 나타내는 말은 '기차', '꽃'과 같은 사물의 이름을 나타내는 말 앞에 놓여 그 말을 꾸며 줍니다.

알쏭달쏭 맞춤법 *맞춤법에 맞게 쓴 낱말에 ○표 하세요.

• 지우개를 (잊어버렸어요 , 잃어버렸어요).
[맞춤법 더하기] '잊어버리다'는 생각이나 기억에 대하여 쓰고, '잃어버리다'는 물건에 대하여 쓰므로 상황에 따라 잘 구별해서 써야 해요.

정답 잃어버렸어요

어법 학습

144 쪽

❶ '파란'은 '새'를 꾸며 주는 말이야.

145 쪽   이해 적용 심화

1 ㉯   2 ㉮   3 ㉮

4 달콤한, 사르르

5 좁은, 웅성웅성

6 세찬, 개굴개굴

7 ㉠

이해

1 '쨍그랑'은 얇은 쇠붙이나 유리 따위가 떨어지거나 부딪쳐 맑게 울리는 소리를 흉내 내는 말입니다.

2 '방긋방긋'은 입을 예쁘게 약간 벌리며 자꾸 소리 없이 가볍게 웃는 모양을 흉내 내는 말입니다.

3 '무럭무럭'은 순조롭고 힘차게 잘 자라는 모양을 흉내 내는 말입니다.

적용

4 '생크림 케이크'를 꾸며 주는 말은 '달콤한', '녹았다'를 꾸며 주는 말은 '사르르'가 알맞습니다.

5 '복도'를 꾸며 주는 말은 '좁은', '떠들고'를 꾸며 주는 말은 '웅성웅성'이 알맞습니다.

6 '비'를 꾸며 주는 말은 '세찬', '운다'를 꾸며 주는 말은 '개굴개굴'이 알맞습니다.

심화

7 '햇살'은 꾸밈을 받는 말이고, '파란', '둥실', '생글생글', '쿵쿵'은 뒤에 오는 말을 꾸며 주는 말입니다.

146~147 쪽

1 높임 2 ③ 3 ③
4 ⑤ 5 에게, 줄

높임 표현

글의 종류
설명하는 글

글의 특징
높임 표현을 사용하는 경우와 사용 방법에 대하여 설명하는 글입니다.

주제
높임 표현을 사용하는 경우와 방법

1 높임 표현을 사용하는 경우와 사용 방법에 대하여 설명하는 글이므로 빈칸에는 '높임'이 들어가는 것이 알맞습니다.

2 높임 표현은 대화하는 상대방이 누구인지에 따라 다릅니다.

3 진구는 '께서'와 '부르셔'라는 높임 표현을 알맞게 사용하였습니다.

◉ 오답 풀이
알맞은 높임 표현은 다음과 같습니다.
① 어머니께 여쭈어 봤어.
② 할아버지, 진지 잡수세요.
④ 오늘은 할머니 생신이야.
⑤ 이건 아버지께서 주신 선물이야.

4 '아프다'의 높임말은 '편찮으시다'입니다.

어휘력 더하기 높임의 뜻이 있는 특별한 말들이 있습니다. '모시다', '드리다', '성함', '뵙다' 등의 높임의 뜻이 있는 말을 익혀 높임 표현을 사용합니다.

5 '할머니께 선물을 드릴 거야.'가 알맞은 높임 표현이므로, 잘못된 표현인 '에게'와 '줄'에 표시를 해야 합니다.

알쏭달쏭 맞춤법 * 맞춤법에 맞게 쓴 낱말에 ○표 하세요.

• 이 사과는 (갑 , 값)이 얼마예요?
[맞춤법 더하기] '값'이 [갑]으로 소리 나듯이, 겹받침 'ㅄ'은 [ㅂ]으로 소리 나요. 하지만 쓸 때에는 소리 나지 않는 받침도 살려서 'ㅄ'으로 써야 해요.

정답 값

---

148 쪽

② 할아버지, 진지 잡수세요.

149 쪽 이해 적용 심화

1 × 2 × 3 ○
4 말씀 5 병환 6 댁
7 ㉡

어법 학습

이해

1 '어머니, 학교에 다녀올게요.' 또는 '어머니, 학교에 다녀오겠습니다.'로 고쳐 써야 합니다.

2 '할머니께서 만드신 김치는 정말 맛있다.'라고 고쳐 써야 합니다.

3 높임 표현이 바르게 쓰인 문장입니다.

적용

4 빈칸에 알맞은 말은 '말'의 높임 표현인 '말씀'입니다. 따라서 '아버지의 말씀이 옳았다.'라고 해야 합니다.

5 빈칸에 알맞은 말은 '병'의 높임 표현인 '병환'입니다. 따라서 '할아버지의 병환이 조금 나아졌다.'라고 해야 합니다.

6 빈칸에 알맞은 말은 '집'의 높임 표현인 '댁'입니다. 따라서 '오늘은 할머니 댁에 가기로 한 날이다.'라고 해야 합니다.

심화

7 ㉡은 잘못된 높임 표현입니다. '왔다'가 아닌 '오셨다'가 알맞은 높임 표현입니다.

1 겹받침

2 (1) ㉯ (2) ㉮

3 ⑤ 4 ③

5 (1) [닥꼬] (2) [언따]

쌍받침과 겹받침의 소리

글의 종류
설명하는 글

글의 특징
쌍받침과 겹받침의 뜻과 소리에 대하여 설명하는 글입니다.

주제
쌍받침과 겹받침의 소리

1 이 글은 '쌍받침과 겹받침의 소리'에 대해 설명하는 글이므로 제목의 빈칸에는 '겹받침'이 들어가야 합니다.

2 '겹받침'은 서로 다른 두 개의 자음으로 이루어진 받침이고, '쌍받침'은 같은 자음자가 겹쳐서 된 받침입니다.

3 첫 번째 문단에서 받침이 무엇인지는 알 수 있지만, 받침을 사용하는 까닭은 알 수 없습니다.

◈ 오답 풀이
① 두 번째 문단에서 겹받침은 서로 다른 두 개의 자음으로 이루어진 받침이라고 하였습니다.
② 첫 번째 문단에서 쌍받침은 'ㄲ'과 'ㅆ' 두 개가 있다고 하였습니다.
③ 쌍받침 뒤에 모음이 오는 경우로,'갔어'가 [가써]로 소리 나는 것을 짐작할 수 있습니다.
④ 두 번째 문단에서 '앉다'는 [안따]로 소리 난다고 하였습니다.

4 쌍받침 뒤에 모음이 오면, 쌍받침이 뒤 글자의 첫소리로 옮겨 가 소리가 납니다. '샀다'는 쌍받침 뒤에 자음이 오는 경우이므로 ㉠에 해당하는 경우가 아닙니다.

5 '닭고'는 쌍받침 'ㄲ' 뒤에 자음 'ㄱ'이 온 경우이므로 [닥꼬]로 읽고, '엎다'는 겹받침 'ㄵ' 뒤에 자음 'ㄷ'이 온 경우이므로 [언따]로 읽습니다.

어휘력 더하기 겹받침의 경우는 두 개의 자음 중 하나로 소리가 납니다. 'ㄳ'은 [ㄱ]으로 소리가 나고, 'ㄵ'은 [ㄴ]으로 소리가 납니다. 'ㄻ'은 [ㅁ]으로, 'ㅄ'은 [ㅂ]으로 소리가 납니다. 'ㄼ, ㄽ, ㄾ'은 [ㄹ]로 소리 납니다. (다만 '밟-'은 자음 앞에서 [밥]으로 소리 나고, '넓-'은 '넓적하다'와 같은 경우에 [넙]으로 소리가 납니다.) 'ㄺ'은 [ㄱ]으로 소리가 나지만, 'ㄱ' 앞에서는 [ㄹ]로 소리 납니다.

알쏭달쏭 맞춤법 ＊맞춤법에 맞게 쓴 낱말에 ○표 하세요.

• 계란을 (삶다 , 삼다).
[맞춤법 더하기] '삶다'는 [삼따]로 소리 나듯이, 겹받침 'ㄻ'은 [ㅁ]으로 소리 나요. 하지만 쓸 때에는 소리 나지 않는 받침도 살려서 'ㄻ'으로 써야 해요.

정답 삶다

❶ 겹받침

어법 학습

이해 적용 심화

1 ㉰ 2 ㉯ 3 ㉮

4 [무꺼] 5 [잗따]

6 [살마]

7 (1) [탇따] (2) [안자]

이해

1 '낚시'는 받침이 [ㄱ]으로 소리 나고 뒤에 오는 자음이 된소리가 되므로 [낙씨]로 소리 납니다.

2 '긁어'는 받침에 [ㄹ]만 남고, 'ㄱ'이 뒤 글자의 첫소리로 옮겨 가 [글거]로 소리 납니다.

3 '젊다'는 받침에 [ㅁ]만 남고, 뒤에 있는 자음은 된소리가 되므로 [점따]로 소리 납니다.

적용

4 '묶어'는 받침이 뒤 글자의 첫소리로 옮겨 가 [무꺼]로 소리 납니다.

5 '잤다'는 받침이 [ㄷ]으로 소리 나고 뒤에 오는 자음이 된소리가 되어 [잗따]로 소리 납니다.

6 '삶아'는 받침에 [ㄹ]만 남고, 'ㅁ'이 뒤 글자의 첫소리로 옮겨 가 [살마]로 소리 납니다.

심화

7 '탔다'는 받침이 [ㄷ]으로 소리 나고 뒤에 오는 자음이 된소리가 되어 [탇따]로 소리 납니다. '앉아'는 앞에 있는 자음인 'ㄴ'이 남고 뒤에 있는 자음이 뒤 글자의 첫소리로 옮겨 가서 [안자]로 소리 납니다.

1 띄어쓰기   **2** (1) ✕

(2) ◯   (3) ◯   **3** ①

4 ④   **5** ①, ③

올바른 띄어쓰기 방법

글의 종류
설명하는 글

글의 특징
올바른 띄어쓰기 방법에 대하여 설명하는 글입니다.

주제
올바른 띄어쓰기 방법과 띄어쓰기를 바르게 해야 하는 까닭

1 올바른 띄어쓰기 방법과 띄어쓰기를 바르게 해야 하는 까닭에 대하여 설명하고 있으므로 가장 중심이 되는 말은 '띄어쓰기'입니다.

2 띄어쓰기에 따라 문장의 뜻이 완전히 달라지기도 합니다. 그러므로 띄어쓰기를 바르게 해야 자신이 전하고 싶은 말을 읽는 이에게 제대로 전할 수 있습니다.

3 '의'는 앞말과 붙여 씁니다.
   ✅ 오답 풀이
   ② '은/는'은 사람이나 사물의 이름을 나타내는 앞말과 붙여 씁니다.
   ③ 낱말과 낱말 사이는 띄어 씁니다.
   ④ '을/를'은 사람이나 사물의 이름을 나타내는 앞말과 붙여 씁니다.
   ⑤ '한 마리'처럼 수를 나타내는 말과 단위를 나타내는 말은 띄어 씁니다.

4 낱말과 낱말 사이는 띄어 써야 하므로 '오는'과 '말이' 사이는 띄어 써야 합니다.

5 ① '마리'는 단위를 나타내는 말이므로 수를 나타내는 '세'와 띄어 써야 합니다. ③ '맛있는'과 '간식을'은 낱말과 낱말 사이이므로 띄어 써야 합니다.
   어휘력 더하기 '등'이나 '따위'처럼 여러 가지 예나 사실을 늘어놓을 때 쓰는 말은 앞말과 띄어 씁니다. '등'과 같은 말 뒤에 '은/는', '이/가', '을/를', '의'와 같은 말이 올 경우 '등은', '등이', '등을'처럼 붙여 씁니다.

> **알쏭달쏭 맞춤법**   *맞춤법에 맞게 쓴 낱말에 ◯표 하세요.
>
> • 지우개 (한개 , 한 개) 주세요.
>   [맞춤법 더하기] 수를 나타내는 말과 '개, 송이, 마리, 자루, 그루, 켤레'와 같은 단위를 나타내는 말 사이는 띄어 써야 해요.
>   **정답** 한 개

❶ 나∨물∨좀∨다오.

이해 적용 심화

1 ✕   **2** ◯   **3** ◯

4 식빵과 케이크를

5 책 한 권을

6 네 명과

7 ㉠

어법 학습

이해

1 '나는 사과 한 개를 먹었다.'가 올바르게 띄어 쓴 문장입니다. 수를 나타내는 말과 단위를 나타내는 말 사이는 띄어 써야 합니다.

2 올바르게 띄어 쓴 문장입니다.

3 올바르게 띄어 쓴 문장입니다.

적용

4 '과'는 앞말인 '식빵'에 붙여 쓰고, '를'도 앞말인 '케이크'에 붙여 씁니다. 그리고 낱말과 낱말 사이는 띄어 써야 하므로 '식빵과'와 '케이크를' 사이는 띄어 씁니다.

5 '책'과 '한'의 사이는 띄어 쓰고, 수를 나타내는 말인 '한'과 단위를 나타내는 말인 '권' 사이는 띄어 씁니다. '을'은 앞말인 '권'에 붙여 씁니다.

6 수를 나타내는 말인 '네'와 단위를 나타내는 말인 '명'은 띄어 씁니다. '과'는 앞말인 '명'에 붙여 씁니다.

심화

7 띄어쓰기가 바른 부분은 ㉠은 입니다. ㉡은 '너무 커서', ㉢은 '긴 코로', ㉣은 '한 마리는'으로 띄어 써야 합니다.

동아출판

실수를 줄이는 한 끗 차이!

빈틈없는 연산서

•교과서 전단원 연산 구성 •하루 4쪽, 4단계 학습 •실수 방지 팁 제공

수학의 기본

실력이 완성되는 강력한 차이!

새로워진 유형서

•기본부터 응용까지 모든 유형 구성
•대표 예제로 유형 해결 방법 학습
•서술형 강화책 제공

개념 이해가 실력의 차이!

대체불가 개념서

•교과서 개념 시각화 구성
•수학익힘 교과서 완벽 학습
•기본 강화책 제공

정답과 해설

빠작

초등 국어 어휘 X 독해